村井敏邦・海渡雄一［編］
Murai Toshikuni　Kaido Yuichi

可視化・盗聴・司法取引を問う

日本評論社

はしがき

本書の意義

二〇一六年五月二四日、刑事訴訟法等改正法が第一九〇国会で成立した。本書は、その表題のとおり、この二〇一六年成立の刑事訴訟法等改正法の成立過程を含めて、その意義と問題点について検証するための書物である。

本書の構成

上記の本書上梓の趣旨から、刑事訴訟法等改正の経緯と内容上の問題点を概観し、この改正が刑事司法にどのような影響を与えるかを論じる総論「これからの刑事司法はどう変わるか」を第Ⅰ部とし、第Ⅱ部、第Ⅲ部で改正内容の検証を行っている。

第Ⅱ部は、「被疑者・被告人の権利の拡大?——改正内容の検証〈1〉」である。そこでは、まず、可視化を取り上げ、研究者と弁護士の視点から見た論文を掲載し、あわせて、「えん罪被害者は可視化をどう見るか」というコラムを載せた。次に、被疑者国選弁護人制度の拡大と証拠リスト交付制度の導入を研究者が論じ、また、後者の証拠リスト交付制度の導入については、弁護士が弁護活動の観点から論じている。

第Ⅲ部は、「新たな捜査手法の導入——改正内容の検証〈2〉」である。ここでは、第一に、司法取引の導入について、弁護士が日本社会の価値観との関係も含めて制度の内容を論じ、コラム欄では、研究者がアメリカを参照して司法取引の課題について論じるとともに、弁護士が証人保護の課題について論じている。第二に、盗聴の拡大を取り扱い、研究者がその位置づけについて論じ、コラム欄において、元警察幹部が「警察の権限強化に歯止めはあるか」と問うている。

第Ⅳ部では、「残された課題――改革の原点に立ち戻る」として、研究者が被疑者の身体拘束制度について論じ、最後に、弁護士が改革の原点に立ち戻る論文を執筆している。

以上のように、本書の執筆者には、研究者、弁護士、えん罪被害者に加えて、警察実務に身を置いていた人にも加わってもらい、多角的な検証を試みた。

本書の活用方法

今回の刑事訴訟法等の改正は、刑事訴訟法の基本の変更をもたらしかねない内容を持っている。どのような改正がなされ、そのどこに問題が含まれているのかを、本書の各論考が明らかにしている。日本の刑事司法の現状と今後の変化について関心を持ち、研究し、実務をする人は、本書を大いに活用して研究と実務に役立ててもらいたい。また、刑事司法の専門家のみならず、えん罪被害に苦しむ人にも本書が役立つことを執筆者・編者一同として期待している。

二〇一七年二月

編者　村井敏邦

目　次

Ⅲ　新たな捜査手法の導入――改正内容の検証〈2〉　127

刑事訴訟法等の一部を改正する法律

（平成28年法律第54号、2016年６月３日公布）

施行時期一覧表

改正内容	施行時期
・裁量保釈判断にあたっての考慮事情の明文化 ・証拠隠滅等の罪の法定刑の引上げ	公布日から20日（改正法附則１条２号） ▶2016年６月23日
・通信傍受〔**盗聴**〕の対象犯罪の拡大 ・弁護人の選任に係る事項の教示の拡充 ・証拠開示制度の拡充 ・証人の氏名・住居の開示に係る措置および公判廷での証人の氏名等の秘匿措置の導入 ・証人の勾引要件の緩和 ・自白事件の簡易迅速な処理のための措置の導入	公布日から６月以内の政令で定める日（改正法附則１条３号） ▶2016年12月１日
・協議・合意制度〔**司法取引**〕および刑事免責制度の導入 ・被疑者国選弁護制度の拡大 ・ビデオリンク方式による証人尋問の拡大	公布日から２年以内の政令で定める日（改正法附則１条４号） ▶2018年６月２日まで
・取調べの録音・録画制度の導入〔**可視化**〕 ・通信傍受〔**盗聴**〕の手続の合理化・効率化	公布日から３年以内の政令で定める日（改正法附則１条本文） ▶2019年６月２日まで

可視化・盗聴・司法取引を問う

I

総　論

——これからの刑事司法はどう変わるか

1　これからの刑事司法はどう変わるか

村井　敏邦

1　二〇一六年刑事司法改革の経緯

(1)　改革の初期動因とその変容

二〇一六年刑事司法改革のそもそもの発端は、時の厚生労働省局長村木厚子さんを郵便不正利用事件で逮捕し、起訴するため、大阪地検の捜査担当検事が証拠をねつ造した「いわゆる村木事件」にある。この事件を契機として、検察捜査のみならず、捜査全体の不適正さへの批判が高まった。法務省は、捜査を適正化するということで、検察の在り方検討会議を立ち上げ、その中で、検察捜査の在り方のみならず、刑事司法全体にわたって、「制度としての取調べの可視化を含む新たな刑事司法制度を構築する」ことを誓った（「検察の再生に向けて」）。

このように、検察捜査の在り方の検討から捜査全体、刑事司法全体の在り方を検討するということを目的に掲げて、今回の刑事法改革の動きは始まった。

その最大の眼目は、「取調べの可視化」であった。閉ざされた取調室に録音・録画装置を持ち込み、取調べ過程を可視化することによって、えん罪を防止するという当初の改正動機は、えん罪被害者をはじめ、えん罪防止を叫んできた弁護士、学者などに拍手をもって迎えられた。

ところが、その裏には、えん罪の防止策とは到底いえない、えん罪を作り出す危険性のある、盗聴の拡大や司法取引などの「新たな捜査手法」導入の目論見があった。えん罪被害者らが取調べの可視化が実現し、えん罪が防止されるだろうという大きな期待をもって今回の改正の動向を見守る中で、改革の方向は、可視化の限定から盗聴の拡大を含む新しい捜査手法の導入へと変容していった。

(2) 二〇一六年刑事訴訟法改正の成立まで

(a) 検察の在り方検討会議

検察の在り方検討会議は、第一回が二〇一〇年一一月一〇日に開かれた。会議の冒頭での当時の法務大臣のあいさつにおいては、「大阪地検の元検事が証拠隠滅罪で逮捕・起訴された上、大阪地検特捜部の当時の部長・副部長までもが犯人隠避罪で逮捕・起訴されるという前代未聞の異例な事態」、「このような深刻な事態を受けて、国民の皆様に納得していただけるような改革策を講じ、検察の再生を果たすため、今般、委員の皆様に御参集賜り、「検察の在り方検討会議」を立ち上げさせていただくことになりました。」と述べて、検討会議を国民の検察官に対する信頼の失墜を取り戻すための方策を検討するための会議であると位置づけた。

会議は一五回重ねられ、二〇一一年三月三一日、「検察の再生に向けて」と題して、検察の在り方検討会議提言が発表された。

この提言では、「検察の使命・役割と検察官の倫理」「検察官の人事・教育」「検察の組織とチェック体制」と検察組織の抱えるすべての問題に触れた上で、最後に、「検察における捜査・公判の在り方」が検討されている。「捜査・公判の在り方についていては、被疑者の人権を保障し、虚偽の自白によるえん罪を防止する観点から、取調べの可視化を積極的に拡大するべきであることとした。」として、取調べの可視化の拡大を提言している。

この提言では、あくまでも不適正な捜査によって起きるえん罪を防止するという姿勢が貫かれている。もっとも、「さらに、検察の在り方を考える過程で、捜査における供述調書を中心としてきたこれまでの刑事司法制度が抱える課題を見直し、制度的にも法律的にも解決するための本格的な検討の場が必要であるとの認識が生まれ、直ちに検討の場を設けて検討を開始するべきである旨提案するに至った。」とされ、検察の在り方を超えて、刑事司法制度の抱える課題を見直すための検討が行われるべきであるとの提案が行われているが、コンテクスト上、えん罪防止という観点からの刑事司法全般の見直し提言であることは明らかである。この段階では、新しい捜査手法の導入への言及はない。

(b) 法制審議会「新時代の刑事司法制度特別部会」

法務大臣の法制審議会への諮問第九二号を受けて、二〇一一年六月六日、法制審議会第一六五回会議において、「新時代の刑事司法制度特別部会」の設置が決定された。この諮問では、「近年の刑事手続をめぐる諸事情に鑑み、時代に即した新たな刑事司法制度を構築するため、取調べ及び供述調書に過度に依存した捜査・公判の在り方の見直しや、被疑者の取調べ状況を録音・録画の方法により記録する制度の導入など、刑事の実体法及び手続法の整備の在り方について、御意見を承りたい」とされ、検察の在り方検討会議での方向性は一応維持されていた。もっとも、在り方検討会議の提言と比較すると、「取調べ及び供述調書に〝過度〟に依存した捜査・公判の在り方の見直し」となっており、従来の捜査・公判の在り方の抜本的見直しについての認識から少し後退した表現になっており、そこに新たな捜査手段の導入を認める動因が見出せるという批判[*1]の行われる要素があった。

その意味で、特別部会の審議には、当初から別の目的が隠されていたという見方もできるが、少なくとも、当初の段階では、その目的は顕在化していなかった。それが顕在化するのは、第三回会議以降である。

特別部会の第一回、第二回では、もっぱら取調べの録音・録画についての審議が行われた。ところが、二〇一一年九月二〇日開催の第三回会議において、検察における取調べの録音・録画の取り組みについての報告の後、警察における取調べの録音・録画の試行の検証結果に加えて、「捜査手法、取調べの高度化を図るための研究会」における検討に関する中間報告の説明が行われ、ここで、突如、盗聴の拡大、司法取引、刑事免責制度の導入案が登場した。

警察は、取調べの可視化の範囲をできるだけ限定する主張を強くし、同時に、可視化により捜査が

＊1　川崎英明「刑事司法改革の原点と「新時代の刑事司法制度」」川崎・三島聡編著『刑事司法改革とは何か──法制審議会特別部会「要綱」の批判的検討』(現代人文社、二〇一四年)一一頁。

困難になるところを補充するという名目の下に、新しい捜査手法の導入を主張した。

特別部会立ち上げから約一年半を経た二〇一三年一月一八日に開かれた第一八回会議において、事務当局から「時代に即した新たな刑事司法制度の基本構想（部会長試案）」（以下、「部会長試案」という）が示され、若干の修正が行われた上、同年同月二九日に開催された第一九回会議において、「時代に即した新たな刑事司法制度の基本構想」（以下、「基本構想」という）が認められた。*2 以後の議論は、この「基本構想」に沿って行われることとなった。

以後の議論は、二つの作業分科会で行われ、二〇一四年二月一四日開催の第二三回会議において、「作業分科会における検討結果」（いわゆる「たたき台」）がまとめられた。この「たたき台」を基にして、同年四月三〇日の第二六回会議において「事務当局試案」、さらに、同年六月二三日の第二八回会議においては、「事務当局試案（改訂版）」が示された。

このような経過を経て、同年七月九日の第三〇回会議において、最終的なとりまとめ「新たな刑事司法制度の構築についての調査審議の結果（案）」が決定され、これが法制審議会第一七三回会議で採決され、法務大臣へ答申された。

(c) 国会審議

法制審議会の審議結果に基づく刑事訴訟法等の一部改正法案が国会に提出されたのは、二〇一五年三月一三日である。

第一八九国会に提出された法案は、衆議院で一部修正の上可決され、参議院に送付され、法務委員会に付託された段階で、会期切れのため継続審議となり、次の第一九〇国会の参議院で審議されて、二〇一六年五月二〇日に可決後、衆議院に再付託され、同月二四日可決されて成立した。

この法律には、司法取引、刑事免責の導入だけではなく、盗聴の拡大が問題の捜査手法として盛り込まれている。メインテーマである取調べの録音・録画も一部の事件に限られており、問題点山積みである。

(3)　改正内容と施行時期

(a)　改正経過に見る特色と問題点

今回の改正経過において顕著に見られる問題点は以下の点である。

第一が、一括採決という方式の問題である。法制審議会特別部会における部会のとりまとめの可否の採決、国会審議における法案の採決ともに、個々の条文ごとの可否ではなく、法案の一括採決とい

＊2　「新時代の刑事司法制度特別部会は、研究者、刑事司法を担う実務家、一般有識者など委員二六名、幹事一四名から構成される部会であり、これまで一九回にわたり会議を重ねたほか、刑事司法制度の現状や問題点を把握するため、国内関係機関の視察、被害者遺族、警察官、弁護士及び検察官等のヒアリング、欧州、米国及び大韓民国における刑事司法制度の実情視察を行い、それらの結果も踏まえて幅広い観点から議論・検討を行ってきた。当部会の委員・幹事名簿は別紙2のとおり、当部会におけるこれまでの審議状況は別紙3のとおりである。このたび、部会の設置から一年半余りを経過し、新たな刑事司法制度を構築するに当たっての検討指針やそのための具体的方策の在り方について一定の方向性を得るに至ったので、これを、新たな刑事司法制度の基本構想として取りまとめることとした。」

う形がとられた。法制審議会の委員の中には、取調べの可視化や証拠開示の提案については、必ずしも十分ではないとしても、えん罪防止策の提案には賛成であるが、盗聴の拡大や司法取引の導入などのえん罪を生み出すおそれのある規定の提案には反対という人がいた。このような人にとっては、一括採決方式は態度決定で大変なジレンマに直面した。

今回の法案のように、えん罪防止に役立つ施策とえん罪を生み出しかねない施策との、いわば相反する提案が含まれる場合には、一括提案ではなく、少なくとも項目ごとに採決を行うべきであろう。

第二が、審議会のメンバーの問題である。取調べを含む捜査の在り方を検討するというのが、法制審議会特別部会の目的であるならば、捜査機関である警察や検察の関係者が審議会のメンバーであるというのは、議論の公正さを疑わしめる。本来、審議の対象となる者は、せいぜい参考人レベルで審議に関与すべきである。今後の法制審議会のメンバー選出にあたっては、当然、そのような配慮がされなければならない。

第三に、有識者メンバーが加わっていることは、今回の法制審における審議の大きな意義である。しかし、その反面、こうした有識者メンバーが重要な意見を述べ、あるいは意見書を提出した場合に、法律専門家は、これをできるだけ尊重すべきであるにもかかわらず、この人たちを孤立化させてしまったという問題がある。

えん罪を生み出す捜査の被害者となった村木さんや映画『それでもボクはやってない』を作成した周防正行監督などの有識者がメンバーとして加わっているだけではなく、捜査機関の提案に対して、えん罪を防止するという本来の目的に沿った意見や提案を行っていることである。

しかし、このような人たちのまっとうな意見に対して、いわゆる学者委員は、バックアップするより、崩しにかかった。そのため、このような人々を孤立させてしまった。

有識者委員は、新しい捜査の在り方を検討するということで、専門とはまったくかけ離れた議論に長くつき合わされ、あげくの果て、提案しても十分に反映されないという徒労感を深くしたようである。[*3] 法律専門家、特に学者委員の人選と役割についての反省が必要である。

第四に、えん罪防止の中心として働くべき日弁連が今回の法律の成立の推進力になったことである。衆議院において法案が可決された背景には、日弁連が法案に賛成であるのみならず、早期の成立を望む旨の意見表明をしたことが、問題点の指摘を鈍らせ、最終的な採決に至ったということがある。えん罪を救済することを自らの使命とし、盗聴法の成立にあたっては憲法違反として激しい反対をした日弁連が、率先して法律の成立を働きかけたという状況の中では、議員の矛先が鈍るのは致し方ないところがあった。

何が何でも可視化を実現するという至上目的のために、えん罪を生み出す危険性のある盗聴の拡大などの提案を呑むという政治的判断を日弁連はした。これによって、日弁連はえん罪被害者の信頼を失った。大変な問題である。

参議院の審議において、議論が深められ、結局、採決にまで至らなかった。これは、えん罪被害者

＊3　周防正行『それでもボクは会議で闘う』（岩波書店、二〇一五年）には、有識者委員の苦悩が全編を通じて表れている。

の参考人意見の中で、今回の法案がえん罪を生み出す悪法であることを鋭く指摘したことの結果である。日弁連は、えん罪被害者がこのような声を上げざるを得なかったことを深く反省しなければならない。

(b) 刑事訴訟法改正

上記の経緯を経て、二〇一六年五月二四日、刑事訴訟法改正が成立した(六月三日公布)。その結果、新たに導入されたのが、①取調べの可視化、②刑事免責、司法取引の制度化であり、制度改正されたのが、③証拠開示と被疑者国選弁護の拡大である。

取調べの可視化については、法制審議会の審議の早い段階で警察における取調べを含む全面可視化論は、捨て去られた。当初、警察側が強く主張していた裁量による可視化案は、最終的には採用されなかったが、その代わりに、可視化の範囲は全事件ではなく裁判員裁判事件と検察官の独自捜査事件に限定された。しかも、機械の故障の場合以外に、録音・録画をすることによって供述を得られないおそれがある場合など、録音・録画をしなくてもよい例外事例が幅広く認められた。

結局、可視化が認められるのは、全事件の約三%程度にとどまることになった。

証拠開示の拡大についても、証拠の事前全面開示論は、審議の冒頭で対象から外された。証拠の種目で類型証拠についてはいては若干の拡大があったが、弁護士委員が強く求めた捜査報告書は、ついに類型証拠開示の対象項目には入らなかった。証拠の一覧表の交付が、証拠開示に関わる今回の改革の大きな成果という結果になった。

えん罪防止に関わる改革は、以上の二項目に加えて、被疑者国選弁護の拡大がある。これまでは、被疑者国選弁護人が付くのが、必要的弁護事件に限定されていた。改正法では、この限定をなくし、全勾留事件とした。勾留事件全体に国選弁護が拡大したことは、もちろん、歓迎すべきことである。しかしなお、勾留段階での国選弁護への拡大にとどまるべきでない。逮捕段階や在宅被疑者についても国選弁護が拡大されるべきであるが、勾留段階以上には拡大が進まなかったことに今後の課題が残ったと考えなければならない。

捜査・公判における新しい手法として導入された司法取引と刑事免責制度は、えん罪防止よりも、むしろ、えん罪を生み出すおそれのある施策である。

「証拠収集等への協力及び訴追に関する合意制度」と名付けられた司法取引は、検察官が必要と認めるときに、被疑者・被告人と協議を行い、他人の刑事事件の解明につながる供述を行うなど必要な協力をすることと引き換えに、被疑者・被告人に不起訴などの一定の手続上の利益を与える制度である。

自分の事件ではなく、他人の刑事事件の解明に協力するということで、無実の他人を巻き込むえん罪を引き起こす危険性のある制度である。

証人尋問で得られた供述を供述者に不利益に使用しないことを約束して、証言を強制する刑事免責制度も、上記の司法取引と同様、無実の他人を巻き込むえん罪を引き起こす危険性のある制度である。

この両者は、いずれも検察官から持ちかけるもので、被疑者・被告人側にはこれに応じるか否かの諾否の権利しかない。アメリカで発達した制度であるが、当のアメリカにおいても、えん罪を引き起こす制度であるとの指摘が行われている。

また、この両制度の適用によって利益を得るのは、ベテランの犯罪者であり、初犯者、少年、無実者はこれらの制度の得失が判断できず、捜査側に利用されるだけであるとの指摘も行われている。

なお、捜査協力型の刑事免責や司法取引には、協力した証人や被疑者・被告人に対して、捜査対象となっている人物・組織などからの脅し・暴力、最悪の場合、命を奪うなどの危険が加えられるおそれがあるという問題がある。そこで、アメリカなどでは、名前や住所を変えたり、外国での居住を保障するなどの証人保護プログラムが整備されている。今回の改正にあたっても、当初の案には、これが含まれていたが、最終的には、見送られた。

(c) 盗聴法改正

刑事訴訟法改正と同時に、盗聴法が改正された。

改正点は、①盗聴対象犯罪の拡大、②盗聴の際の立会い廃止と機械によるチェックシステムの導入である。

盗聴の対象犯罪は、改正前は、薬物関連犯罪、集団密航、銃器関連犯罪、組織的殺人の四罪種に限定されていたが、これが改正によって、児童ポルノ関連犯罪、殺人・傷害、逮捕監禁、略取誘拐、窃盗・強盗、詐欺・恐喝、現住建造物等放火等の一般刑法犯にも拡大された。

改正前の法では、通信傍受にあたっては、通信傍受令状を得た上で、通信事業者の立会いがなければ実施できないことになっていた。これでは使い勝手がよくないということで、通信事業者の立会いを不要とし、通信事業者等に通信を暗号化させた上で保存し、それを警察署等の特定のパソコンに伝送させて、その場で事後に随時再生して視聴することも可能にする方式が採用された。盗聴は、通信を行っている人には秘かに行うことであるから、令状をその対象者に示すことはない。その点で、憲法三五条の規定する厳格な令状執行の要件上、この捜査方式には憲法上の問題がある。いわばその問題を多少緩和するのが、通信事業者の立会いという要件である。ところが、これを不要とするというのであるから、憲法上の疑義は改正前以上に深くなる。

(d)　**刑法等の改正**

今回の改正は、刑法等の実体法にまで及んでいる。犯人蔵匿罪（刑法一〇三条）と証拠隠滅罪（刑法一〇四条）の法定刑が、二年以下の懲役または二〇万円以下の罰金から三年以下の懲役または三〇万円以下の罰金に引き上げられた。また、証人威迫罪（刑法一〇五条の二）の法定刑は、一年以下の懲役または二〇万円以下の罰金から二年以下の懲役または三〇万円以下の罰金に引き上げられた。これに伴って、組織的な犯罪に関わる上記三つの罪の法定刑も、五年以下の懲役または五〇万円以下の罰金（組織的な犯罪の処罰及び犯罪収益の規制等に関する法律七条一～三号）に引き上げられた。

このような罪の法定刑の引き上げは、「公判廷に顕出される証拠が真正なものであることを担保するための方策」であると説明されている。しかし、その必要性と効果については疑わしい。いたずらに厳罰化の方向性を強めるだけである。

(e)　**施行時期**

施行時期は、事項によって異なっている。①最も早いのが、改正法の公布直後の二〇一六年六月二三日で、この日には、裁量保釈を認めるか否かを検討する際の考慮要素が刑事訴訟法に明文化され、また、証拠隠滅等の罪の法定刑の引き上げが行われた。これらは立法技術上特別な問題がないとして、施行が早くなったのであろう。

②二〇一六年一二月までの施行となるのが、証拠開示制度の拡充、通信傍受の対象犯罪の拡大などである。

③公布から二年後の二〇一八年六月までの施行を予定されているのが、被疑者国選弁護制度の拡大、捜査・公判協力型協議・合意制度（いわゆる司法取引）と刑事免責制度の導入、そしてビデオリンク方式による証人尋問の拡大である。

④公布から三年後の二〇一九年六月までの施行を予定されているのが、取調べの可視化制度の導入である。あわせて、盗聴の立会いに代わる措置の導入も、同時期の施行が予定されている。

このように、五月雨式の施行が予定されているが、改革の最大眼目であったはずの取調べの可視化の実施は最後の施行である。機器等の整備に時間がかかるというのであろうが、三年後の施行ということならば、警察における可視化も体制が整うのではないか。できるところから可視化していくというならば、施行まで三年も要しないであろう。施行時期にも今回の改革の変容の様が表れているといえよう。

2　改正の問題点と予想される今後の展開

(1)　刑事司法改革の問題点

今回の刑事司法改革の経過からわかることは、捜査の適正化と調書裁判からの脱皮という目的から発しながら、従来の捜査の在り方に格別の問題はないとする警察側の強硬な姿勢にあって、取調べの可視化を実現するためには、警察側の主張に譲歩する以外にないとの思いが法制審議会のメンバーの大勢を占めていったということである。可視化の範囲を裁判員裁判事件に限定するなど、全面的可視化からはほど遠いものとなるとともに、盗聴の拡大、合意制度、刑事免責制度の導入などの新しい捜査手法の新設を認めざるを得ないことになったという、一種のバーターの結果が、特別部会の最終とりまとめとなり、それがそのまま法案となり、国会審議においては、若干の修正（後述する）があったが、基本的な変更なしに法律として成立した。

えん罪防止のための方策を策定することで出発した今回の刑事司法改革は、成功したのか。最大の眼目であった取調べの可視化と証拠開示には、一定の前進があったと評価できるか。新しい捜査公判方式の導入によって、えん罪が生み出されるおそれはないか。あるいは、えん罪防止策の採用が新しい捜査・公判方式によって生じるおそれのあるマイナス面をカバーすることになるか。以上の点を順次考えてみたい。

(2)　取調べの可視化と証拠開示の拡大がえん罪防止に働くか

まず、取調べの可視化に関する条文の位置からして、その不徹底さを露呈している。本来の目的が「取調べの可視化を含む捜査の在り方の見直し」にあるとすれば、取調べの可視化が中心に来るのが当然であろう。しかし、取調べの可視化は正面からではなく、側面から規定されている。

すなわち、取調べの可視化は、刑事訴訟法三〇一条の次に、三〇一条の二を追加するという形で提案され、そのように改正されている。

その第一項で、検察官が、被疑者の取調べの結果を記載した供述調書の証拠調べを請求した場合に、被告人・弁護人が任意性に疑いがあると、その取調べに異議を述べたときに、任意性を証明するために取調べの録音・録画の結果の取調べを請求しなければならないとされている。

取調べの録音・録画は、あくまでも被疑者の供述調書の証拠能力を判断するための手段である限りにおいて行うという体裁をとっている。取調べの可視化による不適正な取調べを防止することが目的であるならば、刑事訴訟法一九八条の取調べに関する条項にそのことが規定されるべきであろう。証拠能力の規定の関係で登場してくるという規定の仕方自体に、従来の取調べの在り方の反省として可視化をするという気持ちの薄さが見えている。

しかも、取調べの可視化に関する規定はこの一か条だけであり、他の刑事訴訟法の改正、特に、被疑者・被告人の防御に影響のある証人その他の者の名前等の秘匿規定や司法取引、刑事免責規定など、えん罪を作り出すおそれのある捜査手法の導入規定の中に埋没していると評してもよい状態である。

そのような構造上の問題以上に問題視されるべきは、もちろん、内容上の問題である。

取調べにおいて、暴行、脅迫あるいは甘言を用いて自白の強要等が行われ、えん罪の被害が生じる場の多くは、警察段階である。ところが、警察段階の取調べの可視化は、裁判員裁判事件に限定された。大半の事件の警察の取調べは録音・録画の対象となっていない。録音・録画が自白の強要等の不適切な取調べのチェック機能を持つとしても、警察の取調べの大半がその対象から外れるのであるから、その機能の効果は極めて限定される。

取調べを録音・録画すれば事足りるわけではない。録音・録画が適切に行われているかをその場で検証できるシステムが必要である。それには、弁護人が取調べに立ち会うことが必要である。録音・録画と弁護人の立会いがセットになって、初めて、取調べが可視化されたということになる。今回採用された録音・録画は、その意味では、取調べの可視化からはほど遠い。

取調べの録音・録画がえん罪を防止するどころか、生み出すおそれがあることは、今市事件を引くまでのこともない。不適切な録音・録画が公判廷で再生されることによって、裁判員に与える予断・偏見を生み出すことは、古くから危惧されていた点である。録音・録画を任意性を証明するための証拠を超えて、被告人の罪責を証明するための実質証拠として用いることに対しては、その証拠としての性格上、非供述証拠としての関連性のみならず、供述証拠としての厳密な証拠能力を供える必要があることは、つとに指摘されてきた。

自白の任意性判断のための補助証拠として提出される場合でも、裁判員がそれを見ることによって、事件についての心証を得る可能性がある。実質証拠化するおそれのあるような事件については、裁判員への開示は、場合によって避ける措置が講じられる必要があるかもしれない。

証拠開示については、証拠の一覧表の交付にとどまった。もちろん、一覧表の交付でもないよりある方が、弁護側にとってはよいことは疑いがないが、内容のわからない一覧表では、あまり意味がない。記載項目に内容の要旨は規定されていないが、それくらいはあってしかるべきであった。

えん罪防止との関係からいうならば、証拠の全面的事前開示が必要である。今回の改正論議との関係では、捜査報告書の開示が実現されなかったのは、えん罪防止策としては、大変なマイナスである。

また、再審における証拠開示の制度化も今後の課題となっている。えん罪防止、えん罪からの救済には、再審における証拠開示制度の実現こそ、急務である。

(3) 新しい捜査・公判方式はえん罪を生み出さないか

協議・合意制度という名の司法取引制度については、これをアメリカにおける司法取引と同視して、アメリカにおいて指摘されている問題点がそのまま適用されるかのような言辞は当たらないという反論がある。たしかに、アメリカの司法取引は、自己負罪型と捜査協力型の二類型があるが、日本では、捜査協力型だけが採用された。しかし、無実の人を巻き込む危険性は、捜査協力型だけが導入されたことによって減じるわけではない。衆議院法務委員会での修正によって、被疑者が同房者の犯行告白を聞いたというような、合意の対象となっている犯罪と被疑者の事件とに関連性がないような場合は、除外されるということで、アメリカで最もえん罪の危険性が高い事例が含まれることは回避された。しかし、その反面で、共犯関係にある場合に純化されることによって、引き込みの危険性は高くなった。

衆議院法務委員会での修正は、もう一点ある。合意に至る協議の全過程に弁護人が立ち会うことである。被疑者の弁護人が立ち会うことによって、えん罪者を巻き込む危険性は回避できるというのであるが、巻き込まれる人間の弁護人ではないので、果たして巻き込みの危険を回避可能かは不明である。むしろ、立ち会う弁護人は、被疑者を弁護する立場ではなく、捜査側に真実を保障する立場になり、場合によっては、被疑者への誠実義務に反した行動を強いられることになるかもしれない。

また、アメリカの司法取引には裁判官が関与するが、日本は裁判官が関与しない。しかし、このことは、かえって不安定な要素を生む。アメリカにおいては、合意の内容が真実であるかを裁判官の関与によって吟味する機会がある。しかし、日本の制度ではそれがない。

刑事免責制度は、証人から自己負罪拒否特権を奪って証言を強制するものであるから、当事者同士の司法取引以上に、法制度上の問題は大きい。ロッキード事件における最高裁判決が、公平感に照らして憲法上問題であるとしたのは、日本にはこのような制度がないので、立法的解決が必要であるとしたわけではないであろう。刑事司法における公平感の侵害は立法によっても解消するものではない。取調べの可視化が、以上のような問題を持つ新しい捜査方法のマイナス面をカバーすることができるか。残念ながら、これによい返事を出すことはできない。

(4)　衆・参議院の附帯決議について

今回の刑事司法改革の経過および結果には、大きな問題があった。国会審議の最終段階において、マスコミもその問題点にようやく気付き、それが国会審議にも反映して、与党側にしてみれば簡単に通過するであろうと思われた法案の審議に、予想外の時間が費やされた。しかし、結局は、附帯決議が付けられただけで、刑訴法等一部改正法は成立した。

衆議院での附帯決議は、「政府及び最高裁判所は、本法が度重なるえん罪事件への反省を踏まえて重ねられた議論に基づくものであることに鑑み、その施行に当たり、次の事項について格段の配慮をすべきである。」との前書きの後に、以下の七項目からなっている。

一　検察官及び検察事務官並びに司法警察職員は、取調べ等の録音・録画に係る記録媒体が供述が任意になされたものかどうか判断するための最も重要な証拠となり得ること及び取調べ等の録音・録画が取調べの適正な実施に資することに鑑み、刑事訴訟法第三百一条の二第四項の規定により被疑者の供述及びその状況を記録しておかなければならない場合以外の場合（被疑者以外の者の取調べに係る場合を含む。）であっても、取調べ等の録音・録画を、人的・物的負担、関係者のプライバシー等にも留意しつつ、できる限り行うように努めること。

二　保釈に係る判断に当たっては、被告人が公訴事実を認める旨の供述等をしないこと又は黙秘していることのほか、検察官請求証拠について刑事訴訟法第三百二十六条の同意をしないことについて、これらを過度に評価して、不当に不利益な扱いをすることとならないよう留意するなど、本法の趣旨に沿った運用がなされるよう周知に努めること。

三　再審が無辜の救済のための制度であることを踏まえ、証拠開示の運用、刑事訴訟法第四百四十五条の事実の取調べの在り方をめぐる今国会の審議の状況の周知に努めること。

四　通信事業者等の立会いがないため同時進行的な外形的チェック機能が働かないことを踏まえ、特定電子計算機を用いる傍受の実施において、該当性判断のための傍受又は再生を行うに当たっては、通信の秘密及びプライバシーの保護に十分に留意して、厳正に実施すること。

五　適正に通信傍受が実施されていることについての説明責任を果たすため、客観的に通信傍受の実施状況を検証するための方法について検討すること。

六　捜査に必要な機器等の費用は捜査機関が負担することが基本であることに鑑み、通信傍受に必要な機器等の整備に係る通信事業者の負担軽減に十分な配慮を行うこと。

七　証拠収集等への協力及び訴追に関する合意制度の実施に関し、検察官は、合意をするため必要な協議に際しては、自由な意見交換などの協議の機能を阻害しないとの観点をも踏まえつつ、日時、場所、協議の相手方及び協議の概要に係る記録を作成するとともに、当該合意に係る他人の刑事事件及び当該合意の当事者である被告人の事件の公判が終わるまでの間は、作成した記録を保管すること。

参議院の附帯決議では、前記第一項の括弧内が「別件逮捕による起訴後における取調べ等逮捕又は勾留されている被疑者以外の者の取調べに係る場合を含む」とされたこと、第四項の冒頭に、「特定電子計算機を用いる傍受の実施においては通信事業者等の立会いがなくなることから、同時進行的な外形的チェック機能を働かせるため、通信傍受の対象となっている犯罪の捜査に従事していない検察官又は司法警察員を立ち会わせること。」が追加された。

前者は、参議院の審議中に明らかにされた今市事件におけるように、別件逮捕による起訴後の取調べが録音・録画の対象になるかが問題になったことに対して、基本的には対象にならないという法務省見解を基にして、その場合でも録音・録画に努めるべきであるとしたものである。ここには、二つの問題がある。一つは、別件逮捕による起訴後の取調べが改正後も録音・録画の対象とならないことを前提としていることであり、二つは、その場合には録音・録画はあくまでも努力目標にしかすぎないことを明示したことである。

後者は、盗聴に際しての立会いを廃止することに対する批判が強いことから追加されたものであるが、捜査に従事していないとはいえ、検察官や司法警察員の立会いは、第三者性が薄くチェック機能を果たすものとはいえないであろう。

3　これからの刑事司法はどう変わる？

(1)　今回の刑事司法改革の位置づけ

筆者は、秘密保護法制定時に、次のように指摘した。

「秘密保護法は、警察国家へ、また軍事化への道と通じている。警察国家への道筋は、第一に、密告の奨励でつけられる。すなわち、共謀者の自首減軽の規定は、密告の奨励そのものである。第二に、法制審で現在進められている盗聴の拡大という方法が用いられ、漏示の共謀などについて、市民や市民団体のプライバシー侵害が生じる。とくに、組織犯罪対策法との連携によって、盗聴は、一段と拡大することが予想される。第三に、近い将来には、共犯者の刑事免責制度が整備されるであろう。共謀者の自首減軽規定と相俟って、密告の横行する社会となる虞が強い。そして、これまで制度化された住基法やマイナンバー法に加えて、東京オリンピック対策と称して、顔認証システム付監視カメラが至る所に設置されて、市民の行動の一部始終を監視する社会が到来する危険性がある。まさに、ジョージ・オーウェルの「一九八四年」

を超える監視社会の実現である。このような監視社会、警察国家化が憲法九条の解釈改憲から立法的改憲への条件を整備する役割を果たしていく。[*4]」

今回の刑事司法改革は、刑訴法、盗聴法、刑法等の刑事法のほとんど全分野に関わる大規模なものであり、これに共謀罪法案が加わることによって、前記の指摘のような監視社会への装置は、ほぼ完成する。今回の刑事司法改革を政治的・社会的な動きの中で位置づけるとするならば、前記の指摘のとおりであろう。

今回の刑事司法改革は、密室といわれた取調室の扉が大きく開け放たれ、自白依存の刑事司法から客観証拠による刑事司法への変容をもたらすのか。出発点はそこにあった。しかし、取調室の扉は大きくは開け放たれなかった。すでに指摘したように、取調べの録音・録画だけでは取調べの透明度が完全になるということではない。少なくとも、弁護人の立会いという、いわば透明性を保障する装置が、最低限のものとしてなければならない。しかし、そこには、全く手をつけられなかった。のみならず、取調べの可視化も不徹底に終わった。

加えて、合意制度と刑事免責制度という、捜査協力という名目で、被告人の供述を引き出す制度が導入された。これらは、いずれにおいても検察官がイニシャティブをとって行われる。もしこの制度

＊4　右崎正博ほか編『秘密保護法から「戦争する国へ」』（旬報社、二〇一四年）八四頁以下参照。括弧つきの文章は、上記の書物の八四頁以下を要約・補完したものである。

が効果を発揮するとなると、共犯者の供述への依存度は、これまで以上に多くなることが予想される。供述中心の刑事司法には変化がないどころか、むしろ、その傾向が強くなるおそれがある。

かてて加えて、盗聴の拡大である。一般犯罪にも拡大された。捜査当局の言い方を借りるならば、「使い勝手が悪かった現行の制度に代えて」大いに使えるような制度にした、ということである。たしかに、これまでは盗聴結果が法廷で証拠として出され、効果を発揮するということは、まれにしかなかった。しかし、これからは、大いに活用しようというのである。秘かにとられた被疑者の供述が、本人、共犯者の罪責を決定する証拠となることを捜査当局は期待している。被疑者・被告人の供述依存の体質は、強化されることがあっても弱化することはない。

さらに悲観的な予想を立てるならば、録音・録画の結果は、自白の証拠能力判断の資料を超えて、実質証拠として用いられる機会がこれまで以上に増加する、いや、捜査当局はその方向で考えているようである。「これによって調書に依存することはなくなる。」

これをして、「調書裁判の打破」といえるか。断じていえない。書面に代わった記録媒体に記録された自白依存の状況に変わりがない。

(2) 今後の刑事司法への展望を開く鍵

以上、悲観的な予想を述べてきた。

この悲観的な予想を覆すには、どうすればよいか。その如何によって、今後の刑事司法への展望が開ける。

展望を開く鍵は、弁護人の働きである。これまで以上に、弁護人の役割が大きくなる。取調べの録音・録画が適切に行われているかをチェックすることが第一である。この点については、取調べへの立会いを求める必要があろう。録音・録画の現場に立ち会わずしてその適切性を判断することは難しい。

実は、取調べに弁護人が立ち会ったからといって、自白の強要等がないことの保障にはならない。取調室への同行、取調室からの退去の過程でどのようなことが行われるかわからない。逮捕からはじまる全過程が透明化されないと、捜査の透明化とはいえない。弁護人は、そうした全過程のチェック機能を果たさなければならない。

自白の強要に立ち向かう武器は、黙秘権の行使である。取調べが可視化することによって、黙秘権の行使は容易になる面があるだろう。弁護人の立会いが認められないならば、被疑者に黙秘をするように、弁護人はアドバイスすべきであろう。

さらに、録音・録画の結果が実質証拠として提出された場合には、それを証拠から排除する努力をするのも、弁護人の役割である。[*5] 自白の任意性の立証のために提出された場合でも、裁判員がそれによって罪体について心証を形成しないように、裁判員に注意を促す必要があろう。もちろん、この点は裁判官が果たすべき役割であるが、弁護人としても、裁判員の心証形成に予断・偏見を与えないよ

＊5　実質証拠化の問題については、東京高判平成二八・八・一〇判例タイムズ一四二九号一三二頁が詳しく指摘している。参照すべき判例である。

うな録音・録画結果の用い方をすべきことを強く主張する必要がある。

司法取引や刑事免責については、それに応じるか否かに的確なアドバイスをするのも、弁護人の重要な役割である。特に、初犯者や若年者、知的障害等のある被疑者に対しては、よほど懇切なアドバイスと慎重な配慮をしなければならない。

自己負罪型の司法取引では、初犯者や少年・若年者は、その利益を受けることが少ないといわれる。捜査協力型の司法取引でも同様であろう。捜査協力型については、自己負罪型以上に組織や関係者から生命・身体への脅威が加えられる危険性が高い。その危険性についても考えた上で、検察官の申出に応じるか否かの判断をしなければならないであろう。アドバイスの仕方次第では、弁護人にも危害が及ぶ可能性も出てくる。組織等からだけではなく、弁護人が証拠隠滅等の刑事責任を問われるおそれもあり得る。

すでに述べたように、使い勝手がよくなった盗聴の結果が証拠として法廷に出る機会は多くなる可能性がある。盗聴の過程についての適切性・犯罪との関連性・プライヴァシー侵害の程度などについて、きめ細かなチェックが必要となる。

新しい制度に対応して、よく上記の機能を果たし得る弁護人が、現時点でそれほど多くいるわけではないであろう。裁判員裁判の導入にあたって行われたように、日弁連、各地の弁護士会では、研修体制を整える必要がある。


（むらい・としくに　一橋大学名誉教授、龍谷大学名誉教授、弁護士）

II

被疑者・被告人の権利の拡大？

——改正内容の検証〈1〉

2 刑事訴訟法学から見る可視化の意義と課題
——取調べの可視化〈1〉

渕野 貴生

1 被疑者取調べの実状と課題

(1) 取調べの現状——繰り返される強圧的取調べ

日本では、過去においても、現在においても、一貫して、被疑者が犯行について詳細に供述することによってこそ事件の真相が解明されると信じられる傾向が強く、その結果、捜査において、被疑者に対する取調べが、証拠収集手段としても、さらにはそれを超えて、事件の社会的解明の場としても、極端に重視される。捜査機関は、被疑者として疑わしい人物を特定した段階から、その人物を警察署に任意同行し、取調室において長時間の取調べを開始する。被疑者の帰宅要求は、容易なことでは受け入れられず、夜間にわたるまで、説得という名の自白追及が続けられる。引き続いて、被疑者が逮捕・勾留されると、今度は、実務上、取調べ受忍義務が課され、被疑者が取調べを受けることを拒否することはできなくなる。つまり、一日のうち、いつ取調べを始め、いつまで取調べを続け、いつ取調べを終了するのかは、もっぱら捜査官の意思にゆだねられ、その結果、長時間の夜間にわたる取調べも当然のように行われる。しかも、身体拘束場所として、取調べに便利で、取調べ以外の時間も常時、被疑者に対して硬軟取り混ぜた圧力をかけやすい警察の留置施設、いわゆる代用監獄が用いられる。取調べにおいては、被疑者の言い分がそのまま調書に録取されるわけではなく、被疑者が犯人に違いないという前提の下、捜査機関が描いた事件のストーリーを押し付けられ、捜査官が納得する事件の構図に沿った供述を行うまで、同一の事柄について繰り返し、執拗に取調べが続けられる。そればかりか、被疑者は、罪を認めることを前提にして、さらに、取調べの中で取調べ官に対して反省し、悔い改めることまで求められる。結果として、捜査機関の作ったストーリーに完全に合致するように塗り固められた調書に仕上げられていく。

このように取調べ官の完全なコントロール下に置かれた中で行われる取調べは、追及的、強圧的、さらには暴力的な様相を呈しがちになる。そして、そのような強圧的色彩は、被疑者から自白を得ることを熱望し、自白を得ることで事件の真相が明らかになるといささかの疑いもなく確信しているという取調べ官の特性によってますます助長される。その結果、裁判例で明らかになったものだけを拾い上げてみても、耳元で繰り返し大声で怒鳴ったり、「両肩を揺すぶったりと常軌を逸した身体的接触」を行った事例[*1]、机を叩いたり、実家に捜索に行くと脅して自白を得た事例（宇和島事件[*2]）、威圧的

＊1　大阪地判平成一八・二・三裁判所ウェブサイト。

に深夜まで取り調べ、机を叩き、被疑者の顎をつかんで取調べ官の方を向かせるなどの行為を行った事例（北方事件）[*3]、病院で点滴を受けるほど体調不良で「座っての取調べに耐えられなくなり、簡易ベッドに横になりながら問いかけたら目を開いて答えるというかなり特異な状態で、約七時間にわたって取調べが続けられ」た事例（志布志事件）[*4]、親族の名前などを書いた紙を無理やり踏ませて（踏み字）自白を迫った事例（志布志事件）[*5]、「お前の人生無茶苦茶にしたるわ」、「殴るぞお前。お前こら、なめとったらあかんぞ。手出さんと思ったら大間違いやぞ」と怒号した事例[*6]など、異常としか言いようがない暴力的・強圧的取調べの例が少なくない事例で明らかになっている。また、取調べ可視化を含む今回の刑事司法制度改革のきっかけとなった郵便不正事件で危うく無実の罪を着せられそうになった村木厚子氏も「検察は、自分たちが想定しているストーリーに沿って、それに当てはまるような話を私から一生懸命聞き出そうとします。それに対して、私は一生懸命反論します。長時間そういうやり取りをした後、私の話の中から検察側が使いたい部分を、都合のいいような形でつないでいきます。彼らにとって都合の悪いことは、いくら話しても調書には書かれないのです。」と取調べの実情を実体験に基づいて生々しく語っている。[*7]

(2) 捜査機関の取調べ観と裁判所の対応

確かに、二〇〇九年に国家公安委員会によって、「被疑者取調べ適正化のための監督に関する規則」が定められ、被疑者取調べに対して一定の規制がかけられるようにはなった。しかし、同規則が挙げる監督対象行為は、「やむを得ない場合を除き、身体に接触すること」や、「一定の姿勢又は動作をとるよう不当に要求すること」など（傍線は筆者）、あいまいで規制をかいくぐることができる余地を残した規定ぶりになっている（同規則三条）。また、「一日につき八時間を超えて被疑者取調べを行うとき」および「午後十時から翌日の午前五時までの間に被疑者取調べを行うとき」は警察署長等の事前の承認を得ることを要求しているが、そのような取調べ自体を禁止してはいない（同規則三条）。そもそも、犯罪捜査規範の例と同じく、国家公安委員会規則といういわば組織内部の準則によって、現場の捜査活動を厳格に規制できるかは疑問である。現に、警察関係者によって書かれた同規則の解説書では、「はじめに」として、「警察が捜査を開始し、事案の真相に迫ることがなければ、犯人の検挙に至ることも有り得ないだけでなく、犯罪の被害に遭った方々の切実な声に応えることもできない。そして、こうした真相究明のための捜査活動の中心にあるのが被疑者の取調べなのである」[*8]と述べる警察関係者による論文が引用され、「おわりに」において、再び、「事件が発生し犯人が検挙されると、

＊2　松山地裁宇和島支判平成一二・五・二六判例時報一七三一号一五三頁。
＊3　佐賀地決平成一六・九・一六判例時報一九四七号三頁。
＊4　鹿児島地判平成一九・二・二三判例タイムズ一三一三号二八五頁。
＊5　鹿児島地判平成一九・一・一八判例時報一九七七号一二〇頁。
＊6　大阪地判平成二三・四・二八裁判所ウェブサイト。
＊7　村木厚子著＝江川紹子（構成）『私は負けない——『郵便不正事件』はこうして作られた』（中央公論新社、二〇一三年）二六頁。
＊8　北村滋「新たな取調べの確立に向けて——取調べに関する大きな変革」警察学論集六一巻六号（二〇〇八年）一頁。

犯人が犯行に至った動機や犯行の具体的な方法等、事件の真相に社会的関心が集まり、これを解明することに国民の期待が高まるが、これに応えることができるのが取調べである。」と結ばれている。[*9] 取調べに対する警察官の思考形式が変わらないところで、規則がどれほどの効果を発揮するのかは、正直にいってかなり疑わしいといわざるを得ない。

ところが、従来の刑事裁判では、判決において強圧的な取調べの存在が認定されて、取調べが違法と評価され、あるいは自白調書の任意性が否定される事例は、必ずしも多くなかった。その理由は、被告人が、取調べで捜査官から有形力を振るわれたり、暴言や怒号を浴びせられたり、脅迫的な言葉を吐かれたと供述しても、証人として法廷に出てくる取調べ官は、そのような行為は行っていないと証言し、両者の言い分が水掛け論になるのが常であったからである。そして、このような水掛け論に対して、裁判所は多くの場合、取調べ官の証言の方に信用性を認めて、自白の任意性を否定してこなかったからである。[*10]

(3) 可視化による現状打破への期待

このように、違法・不当な取調べが密室に阻まれて、なかなか裁判所の任意性否定判断に結びつかないという過酷な状況に置かれている被告人・弁護人側が、なんとか糾問的な取調べを止めさせて、取調べを適正化したいと考え、その手段として、取調べの可視化を求めるのは自然な流れであったといえよう。取調べが録音・録画されれば、取調べ官は、被疑者を脅迫したり、被疑者に対して有形力を行使したり、暴言を吐いたりすることを差し控えざるを得ない。また、密室の下では水掛け論に陥って、事実として認定されなかったり、任意性に対する影響力を過少評価されてきた行為についても、裁判官に対して直接、迫真性のある取調べの録音・録画映像を見せることができれば、裁判官も、従前のように安易に取調べの適法性や自白の任意性を認めなくなる可能性もある。

それでは、改正法で導入された取調べの録音・録画制度は、取調べへの過度の依存から脱却し、取調べの適正化を実現するにふさわしい制度として整備されたといえるのだろうか。まずは、成立した条文を虚心坦懐に確認するところから始めよう。

2　改正法における可視化制度

(1)　立法された制度の概要

取調べの可視化制度は、刑訴法三〇一条の二というたった一つの条文で具体化されているが、本条文の構造は、可視化制度として一般に抱くであろうイメージとはいささか異なり、ちょっと不思議な規定の仕方になっている。

＊9　重松弘教＝桝野龍太『逐条解説　被疑者取調べ適正化のための監督に関する規則』（東京法令出版、二〇〇九年）。
＊10　小川秀世「『無法地帯』にビデオカメラを！――捜査の可視化の意義・方法・範囲」自由と正義五二巻六号（二〇〇一年）一〇七頁以下。

まず、第一項でいきなり、逮捕または勾留されている被疑者に対する取調べにおいて作成された自白調書（自供書を含む）を検察官が証拠として請求した場面に焦点があてられる。その上で、被告人側が調書等に記載されている不利益供述が任意にされたものでない疑いがあるとして、当該調書等の証拠調べに対して異議を述べた場合に、検察官は、取調べにおける被疑者の供述が任意にされたものであることを証明するために、取調べを録音・録画した記録媒体の証拠調べ請求をしなければならない旨、規定されている。第一項では、併せて、記録媒体の証拠調べ請求が義務付けられる対象事件は、裁判員裁判対象事件と検察独自捜査事件であること、また、証拠調べ請求が義務付けられる記録媒体の範囲は、当該調書等が作成された取調べまたは弁解の機会の開始から終了までであることが明記されている。ただし、記録媒体の証拠調べ請求が義務付けられる範囲であっても、第四項の例外事由に該当して録音・録画義務が免除されて記録媒体が作成されていないときおよび、その他やむを得ない事由によって当該記録媒体が存在しないときは、記録媒体の証拠調べ請求は義務付けられない。後者は、いったん録音・録画記録媒体が作成されたが、その後に滅失したような場合が想定されている。

次に、第二項は、第一項の規定を受けて、検察官が記録媒体の証拠調べ請求義務に違反して、記録媒体の証拠調べ請求を行わなかった場合には、裁判所は、自白調書等の証拠調べ請求を却下しなければならないと定める。

第三項は、伝聞証人（取調べ官）が法廷に出てきて、被疑者の供述内容を証言する場合について、第一項および第二項を準用する規定である。本項自体、きわめて問題のある規定だが、本稿のテーマからはやや外れるので、ここではこれ以上深入りしないこととする。

一般に、可視化を義務付けた規定としてイメージする条項は、第四項で登場する。第四項は、逮捕または勾留されている被疑者に対して、裁判員裁判対象事件および検察独自捜査事件についての取調べを行う場合には、そのすべての取調べを録音・録画して記録媒体に記録しておかなければならないことを定める。注意しなければならないのは、録音・録画が義務付けられるのは、対象事件で逮捕・勾留されている被疑者の取調べではないということである。条文はあえて、逮捕・勾留されている被疑者の対象事件についての取調べという規定の仕方をした。つまり、非対象事件である死体遺棄事件や純然たる別件で逮捕・勾留されている被疑者について、対象事件である殺人事件の取調べを行う場合にも、本項の規定に基づき、録音・録画義務が課されることが明記されたことを意味する。

一方で、第四項は、録音・録画義務が課された範囲の取調べであっても、録音・録画義務が免除される例外事由についても定めている。列挙されている例外事由は、第一に、「記録に必要な機器の故障その他のやむを得ない事情により、記録をすることができないとき」(一号)、第二に、「被疑者が記録を拒んだことその他の被疑者の言動により、記録をしたならば被疑者が十分な供述をすることができないと認めるとき」(二号)、第三に、当該事件が、指定「暴力団の構成員による犯罪に係るものであると認めるとき」(三号)、第四に、第二号および第三号に掲げるもののほか、「犯罪の性質、関係者の言動、被疑者がその構成員である団体の性格その他の事情に照らし、被疑者の供述及びその状況が明らかにされた場合には被疑者若しくはその親族の身体若しくは財産に害を加え又はこれらの者を畏怖させ若しくは困惑させる行為がなされるおそれがあることにより、記録をしたならば被疑者が十分な供述をすることができないと認めるとき」(四号)の四項目である。

以上のような条文の構造は、条文の位置にも反映されている。すなわち、本条は、被疑者取調べについて規定した刑訴法一九八条の次に配置されるのではなく、供述録取書についての証拠調べ請求義務や自白調書の証拠調べ請求の時期について定めた刑訴法三〇〇条、同三〇一条に連なる条文として配置された。

(2) 条文構造に対する疑問点

条文の構造および位置から明らかになるように、条文上、取調べの録音・録画の第一の目的は、被疑者が取調べで供述した自白の任意性を立証するための証拠として使うところにあるように見える。もちろん、違法・不当な取調べが疑われて、最終的に、自白調書の任意性が裁判上の争点になったときに、任意性を立証する手段として、録音・録画記録媒体を用いるべきということは、もともとの取調べ可視化の主張に含まれていた。[*11] なぜなら、録音・録画記録媒体の方が、取調べ官証人による証言よりははるかに客観的だからである。しかし、取調べ可視化論の主たる目的はむしろ、自分の行った取調べのやり方が白日の下に晒されることを取調べ官に自覚させて、取調べ官に対して違法・不当な取調べ手法を用いることを予め回避させるという点にあったように思われる。取調べの可視化をまず何よりも取調べの適正化を実現するための制度と位置付けるならば、取調べの録音・録画を法的に義務付ける規定が一項に置かれるべきだったのではないかとの疑問を拭いきれない。

そもそも、弁護人が取調べの様子をチェックして、任意性について何ら疑わしい取調べを発見できなかったときに無駄な争点を持ち出すとは思えないことに鑑みれば、任意性立証のために録音・録画記録媒体を使うということは、当該取調べにおいては、取調べの適正化が失敗に終わったと疑われているということを意味する。そして、現に、任意性を失わせるような取調べがあったと認定された場合には、たしかに自白調書を排除して失敗をうやむやにしないということも大事ではあるが、そのときには、被疑者はすでに、黙秘権を侵害され、防御権を侵害され、人間の尊厳を傷つけられてしまっている。つまり、不任意な自白調書を排除できたということは、刑事訴訟における成功事例ではなく、失敗事例なのであり、ただ失敗をうやむやにしないという意味で最悪の処理を避けたということにすぎない。そうだとすれば、失敗事例を想定して、あたかもそのような事態が原則的形態であるかのような規定の仕方をすることにはやはり違和感を覚えざるを得ない。

一方で、改正法における可視化制度に対しては、条文の構造や位置は、取調べの可視化の目的を方向付ける決定的な要素ではないし、とにもかくにも取調べの録音・録画が制度化されたことが最も重要であるという評価も可能であろう。それでは、刑訴法三〇一条の二第四項に焦点を当てたとき、改めて、改正法で導入された取調べの録音・録画制度は、取調べへの過度の依存から脱却し、取調べの適正化を実現するにふさわしい制度として整備されたといえるだろうか。以下、運用に対する予測も含めて、検討していこう。

＊11　小坂井久『取調べ可視化論の現在』（現代人文社、二〇〇九年）七頁以下。

3　取調べの適正化と全事件＋全過程可視化の必要性

(1)　可視化対象事件限定の問題点と展望

取調べの録音・録画制度が、取調べの適正化にとって威力を発揮するためには、全事件について（全面可視化）、取調べの全過程が録音・録画されることが必須不可欠である。

第一に、強圧的・糾問的な取調べが行われる事件は、重大事件に限られない。もちろん、殺人事件などの重大事件の場合は、事件解決に対する社会的要求が強いから、捜査機関としても何とかして被疑者を特定して、自白させたいという動機が高まり、自白を強要する取調べが行われる危険が一層増す可能性はある。しかし、単純な窃盗事件などでも、自白強要の危険は決して低くない。現に、先に強圧的取調べの例として紹介した宇和島事件は窃盗が疑われた事件であり、大阪地判平成二三年の事案は、遺失物横領が疑われた事件である。また、痴漢えん罪が疑われる事件や公職選挙法違反事件のように、事件の立件が、被疑者からの自白頼みになりがちな類型も少なくない。要するに、本来、法定刑によって、録音・録画の必要性が高い事件と低い事件とを区別することはできないのである。

このような観点から評価すると、改正法における可視化制度は、取調べ全体の適正化を実現するには不十分といわざるを得ない。改正法では、録音・録画の対象は、裁判員裁判対象事件と検察独自捜査事件に限られているからである。

ただし、一部の事件であれ取調べの録音・録画を制度化したことが、対象外事件に対する可視化の起爆剤になる可能性はなくはない。なぜなら、対象事件以外であっても、強圧的・糾問的取調べに基づいて得られた自白であるとして、裁判において自白調書の任意性が争われた場合に、検察官が任意性の立証をしなければならないことに変わりはないからである。そして、その場合に、取調べの録音・録画が任意性を効果的に立証できる手段たり得ることは、取調べの段階から関係者一同とも認識できているはずだから、録音・録画の設備があって、当該事件で利用できたにもかかわらず、あえて録音・録画を回避して取調べを行ったという事実自体が、任意性を疑わせる事情たり得るからである。とりわけ、弁護人が、再三にわたって可視化の申し入れをしていたにもかかわらず、その要請を無視して、録音・録画せずに取調べを行っていたような場合には、記録されると困るような取調べをしているのではないかとの推定を働かせ得るので、一層任意性に疑いを生じさせることになろう。[*12]

しかしながら、このような運用が実現するかどうかは、結局のところ、裁判所の対応いかんにかかっていることに留意しなければならない。裁判官の大勢が、録音・録画すると被疑者が供述しにくくそうに見えたから、といった捜査機関の説明を鵜呑みにして、可視化なしの取調べ下で得られた自白の任意性を否定することに消極的な態度を取ってしまうと、改正法による可視化制度を起爆剤にして、全事件の可視化につなげるという構想は頓挫する。そして、現在の裁判官が、可視化なしで行った取調べには任意性がないことを推定するという決断をするだろうかと考えると、率直にいって、とても楽観視することはできない。[*13] したがって、運用による全事件への可視化拡大に過剰な期待を抱くのは

＊12　小坂井・前掲＊11二七五頁以下。

禁物である。しかも、運用による可視化拡大という方法には、どうしても不安定さがつきまとう。仮に運用で可視化の範囲が拡大したとしても、そのことは制度の欠陥・不十分性を消し去るわけではないことを銘記すべきであろう。

(2) 例外事由の問題点と展望

第二に、取調べの一部を録音・録画するだけでは、取調べの適正化を図ることはできない。なぜなら、可視化していない部分の取調べでは、被疑者に対して、自白を強要する圧力をかけることが可能だからである。もちろん、のちの可視化された取調べの中で、可視化されていない取調べで不当な圧力をかけられたことを訴えて、記録を残させるという方法は取れなくはない。しかし、このやり方は、のちの可視化された取調べが行われるときに、被疑者にまだ取調べ官に対して抵抗する気力が残っている場合にしか用いることができない。つまり、被疑者が、可視化以前の取調べで、取調べ官から徹底的に糾弾されればされるほど、取調べ官に完全に屈服した状態に陥ってしまい、のちの可視化された取調べで、違法・不当な取調べを訴えて足跡を残すことができなくなるという逆説的な結果を生む危険がある。しかも、のちの取調べで録音・録画記録媒体に記録させるといっても、その訴えは、違法・不当な取調べそのものの記録ではなく、事後的な供述にすぎないから、結局、違法・不当な取調べの存在を否定する取調べ官との水掛け論に終始する可能性も否定できない。

以上のような考察からすれば、改正法における可視化制度は、可視化対象事件についてさえ、取調べの適正化を本当に実現できるものになっているか、疑念が残る。なぜなら、第一に、改正法では、録音・録画義務を免除する四つの例外事由が設けられているからである。とりわけ、第二号および第四号の例外事由は、「被疑者の言動により」十分な供述をすることができないと認めるときや畏怖・困惑させる行為がなされるおそれなど、それ自体、あいまいで濫用的解釈の余地を残す規定ぶりになっている上に、おそれの有無を判断する主体は取調べ官であることが予定されていることから、一層恣意的に運用される危険が高いといわざるを得ない。

もちろん、取調べ官が例外事由に該当すると判断しても、のちの刑事裁判で、被告人側が要件該当性を争った場合には、取調べ官の行った第一次的判断は、最終的には裁判所の審査を受ける。そこで、裁判所が厳格に要件該当性を審査して例外を認める範囲を厳しく制限するという運用が確立すれば、取調べ官による例外事由の濫用的適用を防ぐことは不可能ではない。しかし、この点でも、原則として例外のない可視化が実現するかどうかは、裁判所頼みであるし、運用の不安定さを払拭することはできない。[*14] そして、仮に運用で例外事由の発動が極小化したとしても、そのことは制度自体が抱える穴を消し去るわけではないという点でも、改正法は、対象事件の範囲のところで指摘したことと同じ問題を抱えている。

＊13　指宿信『被疑者取調べ録画制度の最前線——可視化をめぐる法と諸科学』（法律文化社、二〇一六年）四四頁以下。

＊14　指宿・前掲＊13三五八頁以下。

しかも、例外事由を発動しない場合であっても、対象事件の可視化を「全過程」と評価することは必ずしも正しくない。

なぜなら、録音・録画義務の対象には、任意取調べ（逮捕・勾留されていない被疑者の取調べ）が含まれていないからである。このことは、日本の取調べ実務の現状に鑑みると、看過し得ない問題である。

(3) 任意取調べと可視化

日本においては、条文上は、「何時でも退去することができる」と規定されているが（刑訴法一九八条一項）、被疑者が逮捕・勾留されていない場合にも、必ずしも、被疑者が希望すれば直ちに取調べを終了させて、退出できるわけではない。現実には、被疑者が退去の意思を示しても、引き続き取調べに応じるようにかなり執拗な説得が行われ、ときには、一定の有形力の行使さえされることが少なくない。一例を挙げると、ある事件で、午後〇時四〇分過ぎから午後一一時五〇分頃の深夜まで被疑者に対して任意取調べを行い、調書が作成されたのちもさらに継続して取調べを行おうとして、帰宅させようとしない警察官に腹を立てた被疑者が、なんとか取調室を退去しようと試みたところ、取調室のドアの前に二人の警察官が立ちふさがり、退出することを阻止しようとした事例が弁護人から報告されている。この事案では、被疑者は、立ちふさがった警察官二人の間に肩を入れて、二人を押し分けて強引に取調室から廊下に出ることはできたのであるが、実際には、弁護人が指摘するように、相当の猛者でなければ、このようにして取調室から脱出することは困難である。[*15]

この事案では、さすがに警察官の退去阻止行為は違法と認定された。しかし、警察官がこのような行為をそれほど躊躇することなく行ってしまうのには、素地がある。すなわち、判例は、警察官による有形力行使について、相手方の意思を制圧しない範囲においては適法に行い得ることを認め、[*16]あるいはまた、宿泊を伴う長時間の任意取調べも適法に行い得る場合があることを認めている。[*17]このように裁判所が任意取調べの限界について緩やかに判断し続けている限り、任意取調べにおいても、執拗な説得が行われ、供述するように強要される危険は、逮捕・勾留中の取調べと大差なく存在するといわざるを得ない。にもかかわらず、任意取調べは録音・録画義務の対象から外れているのである。結局、取調べ全体を通じて見れば、改正法の下での可視化は、対象事件であっても、実は、一部可視化にすぎないものと評価すべき制度になっている。

4　全過程可視化による取調べ適正化の限界

(1)　隙間のない全過程可視化実現の困難性

それでは、例外事由を削除し、任意取調べも可視化することによって、隙間のない全過程可視化が

*15　小川秀世「任意の取調べと可視化の必要性――公務執行妨害罪等の無罪判決を契機として」季刊刑事弁護五一号（二〇〇七年）一一三頁以下。
*16　最決昭和五一・三・一六刑集三〇巻二号一八七頁。
*17　最決昭和五九・二・二九刑集三八巻三号四七九頁、最決平成元・七・四刑集四三巻七号五八一頁。

実現すれば、取調べ問題は解決するのだろうか。率直にいって、隙間のない全過程の取調べ可視化によって取調べの適正化を目指すという方向性には、三つの点で、限界があるように思われる。

第一に、隙間のない全過程の可視化自体の実現が困難であるという点である。もちろん、私自身も、任意取調べを含めた全過程の取調べの録音・録画が必要であると強く考えている。しかし、任意取調べを可視化しても、今度は、捜査機関が、連行中あるいは任意同行中のパトカーの中、留置施設から取調室への移動中など、取調室以外の場所で、被疑者に対して供述強要をする可能性を否定できない。そうすると、捜査機関によるそれらの行為を防止するために、パトカーの中も録音・録画が必要だということになり、それでも足りずに、捜査官全員がウェアラブルカメラを装着すべき、留置施設でも、居房も含めて、常時、録音・録画すべきということになって、際限なく録音・録画の範囲が拡大していく。しかし、このような二四時間中の可視化は、被疑者のプライバシーに対する過剰な制約など別の法的問題を生じさせかねない。[*18] しかも、どんなに隙間なく録音・録画しようと努力しても、完全に死角を生じさせないように二四時間中記録することは物理的にも困難であり、漏れが出てしまうことは不可避であるように思われる。

(2) 記録媒体による任意性立証の困難性

第二に、公判で任意性が争われた場合に、録音・録画記録媒体によって任意性を正しく認定することは案外難しいという点である。

もちろん、取調べ官が被疑者を殴りつけているとか、被疑者の首を絞めている場面が映像に残されていれば、その部分を証拠調べするだけで任意性を否定する判断に容易に到達するだろう。しかし、そのような決定的な場面が存在しない場合にどうすればよいか。改正法が定めているように、調書が作成されたときの取調べ部分に限った録音・録画記録媒体の証拠調べでは任意性判断をかえって誤らせる危険が高い。なぜなら、当初否認ないし黙秘していた被疑者が自白に転じるに至った要因は、被疑者として特定され、取調べないし身体拘束が始まった時点から自白するまでの全時間、全プロセスにあるからである。自白した直接のきっかけが、たとえば、取調べ官からの説得を受けたことにあったとしても、それは、いわば、コップに少しずつためられた水があふれる瞬間を描写しているにすぎない。捜査の客体となった被疑者にとっては、捜査機関による最初の接触から自白する瞬間までの捜査機関による働きかけのすべてが自白に転ずる判断の基底になっているのである。捜査機関による働きかけは、取調べに限らない。身体拘束状況や留置の環境、取調べ以外の場面での捜査官とのコミュニケーション、捜査官以外の者とのコミュニケーションの断絶状況など、言葉どおり二四時間すべての状況が自白の任意性に影響する。そうであるとすれば、任意性を正しく認定するためには、二四時間もれなく録音・録画された記録媒体をもれなく証拠調べしなければならない。

しかし、このような証拠調べの在り方は、法廷が上映会と化すいびつな公判をもたらし、公判中心主義にも反することになる。また、自白の任意性を判断している段階で、被疑者が自白している場面

＊18　三島聡「録音・録画技術と警察活動の透明化――警察官装着カメラをめぐって」『浅田和茂先生古稀祝賀論文集〔下巻〕』（成文堂、二〇一六年）一五九頁以下。

を見てしまうと、その映像から自白が信用できるか否かについての心証を取ってしまう危険性がある。実際、このような危険が決して絵空事ではないことは、今市事件の例を見ても明らかといえよう。[*19]いったん自白している場面を見てしまった裁判官・裁判員が、任意に供述されたかどうかの点に限って心証を形成するなどということはおよそ人の能力を超えたフィクションでしかないように思われる。また、さんざん黙秘した上で自白した過程を見せつけられた場合に、黙秘している事実を反省していない態度と受け取って量刑で不利に扱うといった危険もある。つまり、録音・録画記録媒体を使った任意性判断は、予断や偏見に基づく事実認定や量刑をもたらす危険のある副作用の強い証拠調べ方法であり、よほど工夫した証拠調べ方法を開発しなければ、かえって誤った事実認定や量刑につながる可能性がある。

なお、裁判員・裁判官が、録音・録画されている自白の内容を見て、自白の信用性を判断するという記録媒体の使い方が今後広まることも懸念されるが、記録媒体の実質証拠化にも、任意性立証と同様の問題点がある。自白に至る取調べの過程で、被疑者に対して継続的あるいは断続的に不当な圧力をかけ、被疑者は当初はその圧力に何とか耐えていたが、ついに耐え切れなくなって自白した場合に、自白以前の取調べ情況は、自白の信用性に極めて大きな影響を及ぼす。したがって、裁判員・裁判官が自白した場面の録音・録画記録媒体だけを見ても、適正な信用性判断をすることは不可能である。むしろ、すらすらと自白している場面だけを見て心証形成することは、誤った信用性判断を導くおそれが高い。しかし、自白に至る取調べの全過程を見るといった証拠調べの在り方がいびつであることは、任意性立証について指摘したとおりである。また、仮に全過程を見たとしても、自白している場面に強烈な印象が残って、「犯人でなければ自白しないはず」と評価してしまいがちである。結局、どういう用い方をしようと、録音・録画記録媒体を用いて適正な事実認定や量刑を行わせることは至難の業にならざるを得ないのである。

(3)　取調べ構造自体の変革の必要性

第三に、より根本的な問題として、仮に、隙間のない全過程可視化が実現したとしても、可視化だけでは、取調べの適正化の実現という目的達成にとって決定的な限界と問題点があるという点である。前述したように、取調べを可視化すれば、取調べ官による暴力や暴言はほぼ制圧できるだろう。もちろん、これだけでも被疑者にとっては福音であり、この点に関する可視化の意義は、強調してもしすぎることはない。[*20] しかし、現在のように執拗な説得を容認し、取調べ受忍義務を課した形での取調べを容認したままでは、取調べを可視化しても、取調べの適正化が実現するのは、そのレベルにとどまる。

しかし、暴力的あるいは脅迫的取調べさえ行われなければ、取調べは適正といえるのだろうか。言い換えれば、長時間の執拗な説得を続けることは、適正な取調べといえるのだろうか。被疑者が供述

＊19　この点については、本書3・小池論文が詳細に論じている。なお、参照、五十嵐二葉「今市判決で見えた新たな冤罪原因＝『取調べの可視化』とどう闘うか」季刊刑事弁護八七号（二〇一六年）一六一頁以下。
＊20　小坂井久「『取調べ可視化批判論』批判」季刊刑事弁護八八号（二〇一六年）一〇二頁。

することを拒否するという行為は、法的に評価すれば黙秘権の行使である。黙秘権を侵害するような取調べを適正な取調べということは到底できないから、適正な取調べというためには、黙秘権を侵害していないことが最低限必要である。それでは、被疑者が供述を拒否してもなお取調べを続行することは黙秘権を侵害することにはならないのだろうか。

この点、判例は、被疑者が供述を拒否した場合になお取調べを続行しても、それだけでは黙秘権侵害には当たらないという理解をしているものと考えられる。このことは、「身体の拘束を受けている被疑者に取調べのために出頭し、滞留する義務があると解することが、直ちに被疑者からその意思に反して供述することを拒否する自由を奪うことを意味するものではない」[*21]と判示する最高裁判決からもうかがわれる。それどころか、判例は、捜査官が長時間かつ徹夜の取調べを敢行した事案に対して、「被疑者の心身に多大の苦痛、疲労を与えるものである」と指摘しつつ、「当時被告人が風邪や眠気のため意識がもうろうとしていたなどの状態にあったものとは認め難い」などとして、被疑者が殺害の自白を始めた後も、取調べ官が描く完全なストーリーを供述するように説得し続けた取調べを適法と判断している。[*22]このような判示からは、逆に、黙秘権の侵害は、心身ともに多大に疲労していても、なお供述を提供することに対して抵抗する気力が多少なりとも残っている段階では生じず、意識がもうろうとするほどの抵抗完全不能状態に至って初めて、黙秘権が侵害されたと評価し得るという考え方に判例が立っていることさえうかがわせる。

しかし、改めて考えてみれば、黙秘権という権利は、人間の尊厳の根幹に関わる根源的・本質的な権利である。刑事手続において自分の犯罪を語るという行為は、自らの死や拘禁という自己に対する重大な不利益に直結する行為である。自分の自由や身体、生命に重大な不利益が及ぶような行為を自ら行うことを生物が本質的に回避するのは、ごく自然な行動である。これに対しては、犯罪を行ったのだから処罰されるのは仕方がないではないか、との意見があるかもしれない。しかし、問題にしているのは、犯罪を行った人物が処罰されることではなく、自ら進んで死ね、あるいは自ら進んで自分の自由を束縛しろ、と迫ることなのである。自己を破壊するような行動をするように迫ることは、人間の尊厳を踏みにじることになる。だから、そうしなくても済むように供述の提供を拒否できることを権利として保障する必要があるのである。

そして、黙秘権が、このような人間の尊厳に関わる極めて重要性の高い根源的な権利であるとすれば、その権利行使は絶対的に尊重されなければならない。すなわち、被疑者が供述拒否を決断した時点で、黙秘権行使が発動されたわけだから、取調べ官とのコミュニケーションを終了させるという被疑者の意思が完全に尊重されなければならないのである。そうだとすれば、被疑者がいったん供述拒否の決断をしたにもかかわらず、さらに供述するように説得を続けることは、説得の強弱にかかわらず、また、説得時間の長短にかかわらず、被疑者の供述拒否という権利行使を無視することにほかならず、人間の尊厳領域に踏み込む行為にほかならない。取調べ受忍義務を課し、あるいは、供述拒否の宣言後も取調べを続行することは、それ自体、まぎれもなく黙秘権の侵害である。

＊21　最大判平成一一・三・二四民集五三巻三号五一四頁。
＊22　前掲＊17最決平成元・七・四。

そもそも、黙秘権以外の権利で、権利行使をしたにもかかわらず、延々と権利行使を思いとどまるよう説得を続けることが許されることはないはずである。たとえば、被疑者が弁護人依頼権を行使して、弁護人に連絡を取るように要求したにもかかわらず、弁護人を依頼しないように説得することが許されるだろうか。その場合にも、被疑者には弁護人を依頼し続ける権利は保障されているから、実際に依頼が通るのはずいぶん後になっても権利侵害には当たらないなどと解釈する者はいないはずである。黙秘権行使後の説得行為を認める理解は、他の権利と比較しても、奇異な解釈であるといわざるを得ない。

以上のような黙秘権の本質と意義に照らして考えるのであれば、黙秘権は取調べ遮断効を有すると解するしかない。取調べ受忍義務も、任意取調べにおける説得も黙秘権から論理的に否定される。結局、取調べの可視化だけでは、取調べの適正化を完成させることはできず、取調べの適正化を成し遂げるためには、取調べそのものの在り方を抜本的に変革する必要があるということになる。

5　取調べの可視化が目指すもの

(1)　取調べ零収縮

以上に論じてきたように、取調べの適正化を目指して提言された取調べの可視化は、突き詰めると、いささか逆説的だが、録音・録画するはずの取調べ自体が存在しない状態に捜査の構造を変革すべきという帰結に至る。要するに、取調べという方法で被疑者・被告人の供述を証拠として採取することを放棄し、被疑者・被告人の供述証拠を採取したければ、公判廷での被告人質問で行え、ということである。公判廷でこそ、〝取調べ〟は可視化されており、弁護人の立会いもあり、適正な取調べが実現する。

このようにいうと、公判では、被告人が真実を供述しないことがあるから、公判廷での供述に過度に依存することは真実追求にとってマイナスになり、公判廷で真実の供述が行われなかった場合に即座に〝真実〟の証拠を法廷に提出できるように、捜査段階で取調べを行って、供述調書を作成しておく必要がある、との反論が出されるかもしれない。しかし、取調べで得た自白が真実である保証はないことはこれまで繰り返し述べてきたとおりである。一方、公判廷における供述について考えてみると、公判廷で被告人が客観的証拠と齟齬するような不合理な供述を行った場合には、単にその供述を信用してもらえないだけで、そのような虚偽が通るわけではない。つまり、真実に迫る上で、その供述は無価値というにすぎない。逆に、裁判員や裁判官にばれない虚偽の公判廷供述をすることができたとすると、それはもともと客観的証拠の証明力が十分ではなかったということの証左でしかない。要するに真相に迫れなかった原因は、客観的証拠の収集の詰めが甘かった点にあるのであって、虚偽供述の責任ではないのである。

(2) 事実解明の役割分担——刑事手続構造全体のモデルチェンジ

捜査段階の取調べで供述証拠を収集しないという帰結を成立させるためには、その点の改革から波及する刑事手続の構造全体についての改革が必要となる。その全体像を詳細に展開する余力はないが、重要と思われるいくつかのポイントを示すことで、取調べの適正化へ向けた課題を明らかにしたい。

第一に、従来のように、被告人の生い立ちから事件の背景、事件に至る経緯など、事件と被告人に関するあらゆる情報を詳細に調べ上げて、検察官が有罪の確信を得たときに限って起訴するという起訴基準を維持することはできないであろう。いわゆるあっさり起訴の方向に起訴基準を組み立て直す必要がある。[*23] それに伴い、結果的に無罪となる割合は有意に高くなるだろうが、無罪判決が多発する状況は、決して検察官の失敗ではなく、検察官に対する非難には結び付かないし、結び付けるべきではない。[*24] むしろ、刑事裁判の健全なあり方として、評価すべきである。有罪率九九％という状態は、その状態自体が、裁判官・裁判員に「今回もどうせ被告人は有罪なんだろう。有罪にしておけば間違いない」という予断を植え付ける。仮に有罪率が七〇％になれば、裁判員・裁判官は、自分の裁く被告人が有罪なのか、無罪なのか、全く予測できないから、予断なく審理に臨むことができる。

さらに、そのようなパラダイム転換をした場合には、結果的に起訴される被告人が増加する可能性がある。したがって、現在以上に、起訴され、刑事裁判にかけられる被告人の負担を最小限度に抑える方策を取る必要性は高まろう。具体的には、保釈の積極化、未決勾留日数の全部算入、刑事補償の充実などが課題となる。

第三に、従来、被疑者取調べを通じて収集してきた量刑に関する事実は、手続の別の段階に移して収集するよう手続をデザインする必要があろう。手続を二分して、事実認定後に独自の量刑手続を置き、判決前調査制度を導入するという方法が一つの在り方として考えられよう。手続二分論と判決前調査制度は、事実認定者の予断を防止し、無罪を争いつつ情状弁護をするという弁護人のジレンマを解消し、過度な処罰感情が量刑に影響することを防いで量刑を客観化・科学化できるという意味でも、メリットが多い。*25

以上に論じてきたところから、最後に、取調べをめぐる問題の根本原因がどこにあるかを振り返ってみると、結局、捜査機関が、あまりにもあらゆる事実の解明を自らのタスクとして抱え込んでしまっているところに問題の根本があるように見える。事実解明の負担を適材適所に分散して、捜査における事実の解明度を下げること。この点こそが、取調べの可視化をめぐる議論から浮かび上がってきた課題といえよう。

（ふちの・たかお　立命館大学大学院法務研究科教授）

*23　石田倫識「捜査改革と起訴基準——公判中心主義の実現に向けて」法律時報八五巻八号（二〇一三年）三六頁以下。
*24　水谷規男「あるべき刑事訴追と『新時代の刑事司法制度特別部会』における議論」法の科学四六号（二〇一五年）一五一頁。
*25　「〈特集〉手続二分論とその視点——法学と心理学からのアプローチ」法と心理一五巻一号（二〇一五年）一頁以下。

3　可視化は弁護をどう変えるか
——取調べの可視化〈2〉
—特に、今市事件に見られる一部可視化の問題について検証する—

小池振一郎

1　今市事件に見られる一部可視化の問題点

(1)　今市事件での取調べと録音録画

今市事件（殺人）は、事件発生後八年以上も経った二〇一四年一月、別件（商標法違反）逮捕から動き出した。本件（殺人）捜査本部が置かれた所轄署が別件を指揮している。本件の新たな証拠を発見できないままの、本件の自白獲得のための別件逮捕であり、違法の疑いがある。

別件逮捕勾留中は一切取調べの録音録画（以下、単に「録画」もしくは「ビデオ録画」ともいう）がされていない。同年二月、別件起訴時の検事取調べで本件殺害を初めて自白したとされるが、この取調べは録画されていない。被告人はすぐに否認し、本件での取調べが続いた。

別件起訴後勾留を利用して、三か月半に及ぶ本件の取調べが続いた。その間、警察取調べは録画されていない。「殺していないと言ったら平手打ちをされ、ひたいを壁にぶつけてけがをした」、「殺してゴメンなさいと五〇回言わされた」という。「自白しなくても証拠はそろっている。自白しないと死刑。自白すれば二〇年。二〇年たてば人生やり直せる。」といわれたが、このような取調べは録画されていない。それと連携する検察取調べは原則として録画されていたようだ。本件での再逮捕から警察取調べの録画が開始された。

別件逮捕から本件起訴までの一四七日間、ずっと代用監獄に収容され、自白しないと食事させないなどと脅された。そのうち、警察・検察の取調べ録画はわずか八一時間分。被告人は、本件起訴後、一か月半も経ってようやく代用監獄から拘置所に移された。

(2) 録音録画の証拠上の取扱い

今市事件裁判は、自白がとれなければ立件できなかったといっていい。検察側は、八一時間分の取調べの録画を証拠申請した。公訴事実立証のための実質証拠としてと、自白調書の任意性および信用性立証のための補助証拠としてであった。弁護側は、補助証拠としての使用には同意した。ビデオ録画で逆に自白に任意性がないことを立証しようという思惑があった。

双方が合意し編集した録画七時間分が証拠採用された。これが公判廷で再生された。

(3) 今市事件判決

宇都宮地判平成二八・四・八（判例時報二三一三号一二六頁）は、自白調書の任意性、信用性を認め、被告人に無期懲役を言い渡した。

判決は、「客観的事実のみから被告人の犯人性を認定することはできない」と明言している。自白以外の証拠の関連性は極めて希薄なのだ。

ところが判決は、「実際に体験した者でなければ語ることのできない具体的で迫真性に富んだ内容である」として自白の信用性を認めた。この文言は自白の信用性を認めるときの常套文句だ。判決は自白供述を拠りどころに犯人性を認定したのである。

しかし、犯人でないとわからないとされる事実も、実は、裏で捜査官が示唆すれば、具体的な供述が簡単にできる。さらに捜査官に迎合して、想像たくましく一所懸命創作する例は枚挙に暇がない（志布志事件、布川事件等）。被告人は、死刑にならないよう、二〇年ですむならと、必死で自白供述したのであろう。

判決後の記者会見で裁判員たちが、「録画がなければ判断できなかった」、「録画を見なければ違う結論になったかもしれない」と口々に述べた。検察（とりわけ、取調べ検事交替後）での「丁寧な」取調べの模様や、自白後、「手振りを交えながら具体的に説明した」場面が録画されており、調書の任意性・信用性判断の決め手になったといわれる。自白の重要な部分で客観的事実と矛盾するところがいくつもあったが、結局、録画で有罪無罪の心証をとったことが明らかにされた。録画が絶大な効果を発揮し、事実上、実質証拠的に機能したといえよう。

(4) 一部可視化の危険性

(a) 取調べと録音録画の実態

一九六六年袴田事件は、代用監獄に勾留され、一日平均一二時間以上の取調べを受け、勾留満期三日前に自白した。真夏に、連日、密室で、汗だくになりながら汗を拭くことも禁じられ、トイレにも行かせてもらえず取り調べられたことがあったという。何もしていない人間には刑罰（死刑等）を受ける実感がわかない。その場の苦しさを逃れることが最大の関心事で、一刻も早くこの場を逃れたい、早く釈放されたい、後で裁判所はわかってくれるだろうと思い、自白する。

ＰＣ遠隔操作事件では、逮捕された無実の四人のうち二人が自白した。改正法のきっかけとなった郵便不正事件では、調べられた一〇人のうち五人が村木厚子さんの関与を認めた。すべて真っ赤なウソであった。執拗な取調べに約半分が屈するのだ。

被疑者を代用監獄に勾留して二四時間全人格を支配し、前近代的な取調べで自白を強要する場面は録音録画せず、調書も作成しない。ようやく自白した後で、「犯行内容」を語らせる場面を録音録画し、自白調書を作成する。戦後、数あるえん罪事件で、自白の録音テープはかなりとられている（仁《に》保《ほ》事件等は有罪判決の根拠とされた）。

捜査側に都合のいいところが供述調書になり、自白を強要しているところは調書にとられないという意味では、取調べの録音録画と供述調書は共通している。村木さんは、「検事が記録して裁判で使いたい内容だけが調書になった」と批判している。

(b) 供述調書の証拠能力

明治刑訴法では、取調受忍義務のある予審の尋問調書は問答体での録取が要求されていたが、取調受忍義務のない警察・検察の取調べは要約調書（もともと、「聴取書」と呼ばれていた）の形で作成されていた。[*1] 警察・検察の取調調書作成は不法であり、無効とする大審院判決があり、供述調書の証拠能力が否定された時期があった。[*2]

ところが、戦後の現行刑訴法下では、身体拘束されている被疑者の警察・検察による取調べに実務上受忍義務があるとされ、かつ、問答体でない要約調書にも証拠能力が認められた。戦前の新治安維持法の特則規定により、治安維持法事件で検面調書などに証拠能力が明確に認められ、戦後の刑事手続において、この特則規定が一般規定として拡大存置されたのである。[*3]

ちなみに二〇一五年二月一二日、最高検は、調書の「作成の要否及び範囲」まで「具体的必要性が認められる場合において作成すること」とする依命通知を出した。調書は都合のいいときだけ作ればいい、といまだに〝いいとこ取り〟を奨励しているのだ。ビデオ録画も同じ発想でなされるであろう。

そもそも供述調書は、有罪の心証を獲得するためにどうすればいいかという観点から注意深く作成されている。そういう供述調書を見て、どこまで真相に近づくことができるだろうか。果たして、その自白調書の任意性を判断することができるだろうか。そもそも、〝いいとこ取り〟の調書の任意性を判断してどこまで意味があるだろうか。——という供述調書の証拠能力の問題が改めて問われることになりそうだ。

(c)　供述調書とビデオ録画の違い

供述調書の証拠能力の問題は、〝いいとこ取り〟の部分録画に共通する問題である。ただ、供述調書は他の証拠（他の供述調書を含む）と照らし合わせて総合的にその任意性・信用性が判断される。これに対してビデオ録画という圧倒的な感銘力を持つ証拠は、その一場面を見ただけで、それだけで瞬時にその取調べの任意性・信用性を判断してしまうところが決定的に違う。捜査側に都合のいいところ（自白する場面）だけ部分録画されていると分かっていても、録画されていない取調べでは自白の強要があったかもしれないという懸念があったとしても、その録画場面だけで有罪無罪の心証を直感的にとってしまう怖さがある。

周防正行監督は、「映像には情報が膨大に詰まっているので、人は映像の中に見たいものしか見ない」と指摘し、取調べ映像を任意性・信用性判断に用いるのは無理であるという（日弁連二〇一六年一一月一日付「取調べの可視化ニュース」）。

東京高判平成二八・八・一〇（判例タイムズ一四二九号一三二頁）は、原裁判所が「被告人が真実を

＊1　酒井安行「取調べの録音・録画と日本の刑事司法」青山法学論集五三巻一号（二〇一一年）一三一頁。

＊2　起訴権限を有する検察が供述調書を作成することについて、「同じ官吏に市民を起訴する権力とその起訴をジャスティファイすべき証拠を収集する権力とが掌握されているのを見たならば身震いするであろう」といわれた（田中輝和「明治刑訴法下における取調調書証拠化の経過——大審院判例変遷の一考察」東北学院法学七六号（二〇一五年）六〇六頁）。

＊3　内田博文『治安維持法の教訓』（みすず書房、二〇一六年）四五六頁、五一七頁。

話したか、虚偽を真実であるかのように話したかを、その供述態度だけを見て判断するのは容易ではない。」などとしてビデオ録画の取調べ請求を却下した証拠決定を支持し、「捜査機関の管理下において、弁護人の同席もない環境で行われる被疑者等の取調べでは……身柄を拘束された被疑者等が自己に不利な供述をする場合、その動機としては様々なものが想定されるが、取調べ中の供述態度から識別することができる事情には限りがある。」「客観的な裏付けがないことを、取調べ時の供述態度から受ける印象で補おうとすれば、信用性の判断を誤る危険性がある」と的確に指摘している。

(d) **一部可視化と全過程可視化の違い**

ビデオ録画は裁判官・裁判員の心証に突出した影響を与えるだけに、部分録画がかえって真相を歪曲するおそれがあるのだ。取調べの一部可視化（録音録画）が「一歩前進」だと単純にはいえず、自白に至るまでの取調べの全過程が可視化されていなければ意味がないともいえるだろう。取調べの全過程（任意取調べの開始から身体拘束後の取調べの終了まで、弁解録取を含む）可視化と一部可視化は質的に違うのだ。今市事件はそのことを衝撃的に示したといえよう。

結局、自白場面の部分録画だけでは、その自白に至るまでの先行取調べで自白の強要があったのではないかという疑念を禁じ得ず、取調べで自白の強要があったかなかったかという水掛け論から脱却できない。

(5) ビデオ録画の証拠採用

(a) 公判中心主義破壊への道

自白に至るまでは録画しないで、自白して「犯行内容」や心境を語らせる場面を録画し、その部分録画が証拠として採用され、有罪・無罪の心証がとられるということは、取調べの一部の録画が事実上実質証拠として機能していることを示す。果たしてビデオ録画が、今市事件裁判のような使われ方をしていいのだろうか。

弁護人のいない密室取調べのビデオ録画という、捜査機関が公判外で作成した証拠が、事実上有罪判決の基礎となる。ビデオ録画が実質証拠化すれば、捜査段階が弁護人抜きの一審裁判化されるともいえる。それは公判中心主義の破壊であり[*4]、取調べ依存の裁判への逆戻りである。裁判所の否定ともいえよう。

フランス、イタリア、台湾、韓国ではビデオ録画が公訴事実を直接証明するための実質証拠としては用いられていない。取調べを録画する以上は、せめて取調べへの弁護人の立会いが必要ともされる。韓国の裁判所および学界は、従来の「調書裁判」が「ビデオ裁判」に代わるだけであるという。ビデオ録画は、原供述者の記憶喚起のために使用されても、視聴できるのは原供述者のみであり、裁判所は視聴できない。[*5]

＊4　拙稿「今市事件判決を受けて——部分可視化法案の問題点」法と民主主義五〇七号（二〇一六年）四六頁、同「取調べの録音録画——法律化の要因と問題・今後の展望」同五一〇号（二〇一六年）一〇頁。

ところが日本では、取調べの可視化が捜査側にとっても供述調書の任意性立証に役立つから可視化しようという運動の中で、二〇〇〇年代半ばから、取調べの録画があまり抵抗感なく法廷に出されるようになった。大半は、供述調書の任意性立証のための証拠とされている。

しかるに、法制審全会一致採択の呼び水となった二〇一四年六月一六日最高検依命通知は、「供述の任意性や信用性等に関する立証」のために、可視化拡大の試行を打ち出し、任意性だけでなく信用性などの立証のため録音録画するとする。その上、二〇一五年二月一二日最高検依命通知は、録音録画について有罪立証の実質証拠としての使用（の検討）を指示した。今市事件裁判で検察が録画の実質証拠としての使用を求めたのは、この方針の先取りであった。これは公判中心主義破壊への道といわざるを得ない。衆議院法制局は、「犯罪事実又は情状を立証するための証拠（実質証拠）として用いることも可能であるが、その利用には慎重な検討が必要であろう」と述べているが、[*6]実質証拠としての使用は一切認めないとすべきであろう。

(b) 任意性判断についての裁判員の在り方

裁判員法上、自白調書の任意性は裁判官だけで判断する。そうすると、裁判員はビデオ録画に影響されやすいから、裁判官だけで録画を補助証拠として見て自白調書の任意性を判断すればよいのか。

しかし、裁判官も人間だ。裁判官も裁判員も、自白調書の任意性と信用性を区別して判断するのは困難だろう。録画が再生されれば事実上実質証拠としての効果を持つことは、裁判官も裁判員も変わらない。

したがって、自白調書の任意性を判断する補助証拠としてであっても、裁判官と裁判員を区別するのは妥当ではなく、裁判官がビデオ録画を見るなら裁判員にも見せるべきだ。そうして、任意性の判断についても、「裁判員の意見を聴くことができる」（裁判員法六八条三項）のだから、そのように弁護人が働きかけるべきだろう。

2　改正法の内容と解釈およびその下での弁護活動

(1)　全過程可視化原則と例外規定

(a)　改正法の内容

改正法は、可視化対象事件（裁判員裁判対象事件と検察独自捜査事件）については、逮捕勾留中の被疑者の取調べの録音録画を原則として義務づけている（刑訴法三〇一条の二第四項）。取調べの初回から最終まで、被疑者が取調室に入室する時点から取調室を退室する時点までを録音録画することになろう。

改正法は、「被疑者の取調べの実務の中で、被疑者に対する強制や圧迫等が生ずる弊害を防止するために導入されたものである」（前掲東京高判）。したがって、取調べの全過程可視化が当然の要請で

＊5　安部祥太「被疑者取調べの録音・録画と記録媒体の証拠法的取扱い」青山ローフォーラム三巻一号（二〇一四年）一四四〜一四八頁。
＊6　衆議院法制局近藤貴浩「弁護士のための新法令紹介」自由と正義六七巻一一号（二〇一六年）七八頁。

ある。

ところが改正法は、①「被疑者が記録を拒んだことその他の被疑者の言動により、記録をしたならば被疑者が十分な供述をすることができないと認めるとき」は録音録画しなくてよいとする（同項二号）。

また、②「被疑者の供述……が明らかにされた場合には被疑者若しくはその親族の身体若しくは財産に害を加え又はこれらの者を畏怖させ若しくは困惑させる行為がなされるおそれがあることにより、記録をしたならば被疑者が十分な供述をすることができないと認めるとき」も録音録画しなくてよいとする（同項四号）。

このような例外規定は、あいまい、かつ、広すぎる。録画したら「被疑者が十分な供述をすることができない」（自白しない）と取調官が判断すれば録画しなくていいのか。

(b) 例外規定の背後にある思想

その背後に、取調べの可視化が「捜査に支障」となる、「真相解明」（自白獲得）の妨げになる場合は可視化しないで取調べを優先したいという思想がある。二〇一四年六月一六日最高検依命通知は、「取調べの真相解明機能が害される具体的なおそれがある」ときは「録音・録画を行わなくてもよい」と明言している。

世間が注目するシビアな凶悪犯罪事件が発生すれば、警察は大きなプレッシャーを受ける。近所のチンピラや不審者を軒並みリストアップし、アリバイのなさそうなそれらしき者に目を付け、客観的な証拠がなくても、取り調べて何とか自白を取ろうと無理をする（これを「見込み捜査」という）。そこでは、「調べ室に入ったら自供させるまで出るな。否認被疑者は朝から晩まで調べ室に出して調べよ。（被疑者を弱らせる意味もある）」（愛媛県警の二〇〇一年一〇月四日付「被疑者取調べ要領」）[*7]という旧態依然の取調べ方法がまかり通っている。

こうして朝から晩まで連日、徹底的に取り調べて真相解明することがあっても、長時間、長期間の取調べを野放しにすると必ずえん罪を生むというのが歴史の教訓だ。それは真犯人を逃すことでもある。だから取調べはえん罪を生まないように規制しなければならない。「一〇人の真犯人を逃しても、一人の無辜を出してはいけない」というのが近代刑事司法の理念である。「真実は、賢く追求すること。リーズナブルに追求すること」（国連拷問禁止委員会ドマ委員・モーリシャス最高裁判事[*8]）である。

ところが日本の刑事実務は、この理念を十分に理解しないままに今日まで来ているのではないか。「一人の真犯人も逃さず、一人の無辜も出さない」というのは両立しないことが理解されていない。結局、「一人の真犯人も逃すまい」に収斂し、自白するまで延々と勾留して取り調べる「人質司法」が続いている。村木さんは一六四日間、志布志事件の中山県議は三九五日間も勾留された[*9]（いずれも、無罪判決確定）。

＊7　拙稿「えん罪原因の解明から刑事司法の根本的改革へ」日弁連えん罪原因究明第三者機関WG編著『えん罪原因を調査せよ』（勁草書房、二〇一二年）三〇～三一頁。
＊8　拙稿「あるべき『新時代の刑事司法制度』の姿」法と民主主義四九〇号（二〇一四年）二七頁。
＊9　執行猶予もしくは罰金が予想される事件は拘束しないとする二〇〇六年韓国「人身拘束事務処理基準」と対比されたい。

取調室は被疑者を屈服させる場とされ、このような場面は録音録画されない。こうして取調べの可視化が自白獲得の妨げになる場合は可視化しなくてよいという発想になる。そこでようやく自白調書がとれ、それが有罪の決め手となったとき、捜査側は、その場面を録画しなかったのは、録画したら「被疑者が十分な供述をすることができない」例外規定に当たったからだと主張するだろう。

これに対して裁判所が、例外規定に当たらないから録画義務があるとして、録画がないから自白調書を証拠採用しないとする（後述する同条一項・二項）勇気を持つだろうか。袴田事件では、数十通の供述調書を排斥しながら、一通のみ証拠採用し、有罪判決を出した。証拠が薄い（もしくは、ない）からこそ、わずかな自白調書に飛びつき、有罪にするために証拠採用してきたのがえん罪の歴史だ。

ここで裁判所が捜査側の主張を容認すれば、例外規定が録画しなくていい場合をむやみに拡大し、えん罪を作り出すおそれがある。被疑者が当初から自白している都合のいい事件は全過程可視化しても、シビアな事件は例外規定を適用するような運用を許してはならない。改正法の例外規定は厳格に解釈し直さなければならない。そうしなければ、今市事件裁判に見られる一部可視化の問題点は、改正法下でも引き継がれ、今後も、今市事件と同様の事態が続出するだろう。

(c) 例外規定の解釈と運用

取調べを可視化する理由としては、取調べを規制するためと供述調書の任意性立証のためという二つが挙げられている。取調べの規制のためという考え方は必然的に例外なき全過程可視化を志向するが、供述調書の任意性立証のためという考え方は部分可視化にとどまりかねない。

以下、取調べは規制しなければならないとする近代刑事司法の理念に基づき、例外規定を解釈する。

①「記録をしたならば被疑者が十分な供述をすることができない」ときとは、単に、録画したら被疑者が十分に自白しそうにないとき一般ではない。それでは、自白を強要しないよう取調べの適正を確保するために設けられた全過程可視化原則を骨抜きにしてしまう。

全過程可視化原則である以上、可視化しなければ供述が得られるのに、可視化すれば供述が得られないという因果関係が、取調官の主観的な認識でも願望でもなく、客観的、合理的に明白にならなければならない。

「合理的に、録音、録画をすると十分に供述できないということが認められる場合……に限られております。」という政府答弁（二〇一五年六月一二日衆議院法務委員会）は、取調官の恣意的判断が許されず、合理的でなければならないことを示している。

可視化してもしなくても供述が得られないときは因果関係がなくこの例外規定に当たらない。「録音、録画をしたならば……本来、録音、録画をしなければ供述できるであろうことを十分供述することができない……ことがこの例外事由の要件でございます。」という政府答弁（同日衆議院法務委員会）はこの解釈を示している。

録画してもしなくても否認・黙秘するのであれば、例外規定には当たらないことは、「被疑者が否認や黙秘をしているだけで直ちにこういった例外事由に当たるわけではございません。」と政府答弁（同日衆議院法務委員会）も認めている。そこで弁護活動として、黙秘権の行使を積極的に活用することが重要になってくる。

②「被疑者が記録を拒んだことその他の被疑者の言動により」という規定について、「その他の被

疑者の言動により」はあいまいな文言であるが、「被疑者が記録を拒んだこと」に準ずるような、拒否姿勢の明確性が客観的に認められるものでなければならない。

ビデオ装置をチラッと見て、嫌そうな仕草をした程度では例外事由に当たらない。録画を拒否するかどうか、きちんと問い直し、明確な答えを求め、その場面が録画されていない限り、例外事由とすべきではない。

③被疑者・弁護側が録音録画を要求すれば、拒否できない。録音録画すれば供述するが、録音録画しなければ供述しないという関係になれば、例外規定とは正反対の場合である。したがって、当然例外事由に当たらない。

そこで弁護側としては、常に録音録画を要求することが重要である。それを証拠化するためには書面での申入れが望ましい。

④改正法は、「機器の故障その他やむを得ない事情により、記録をすることができないとき」も例外事由とする（同項一号）。

機器が故障しても、代替機器がある場合には例外事由とされないことは当然である。そのために捜査側があらかじめ代替機器を準備し、確認することは不可欠の前提である。

ＩＣレコーダーなどで録音できる場合は、録画とはいえないが、代替機器と同視してよい。録音録画しなくてていい例外事由ではなく、録音しなければならない。録音機器が用意できない事態はまず考えられないから、この例外規定は事実上機能しないといっていい。

「その他やむを得ない事情」があるときも例外事由とされるが、録音録画機器は巷にあふれており、取調べを中断してその間に入手すれば済むことであるから、天変地異以外にそのような事情は考えられない。

⑤例外規定に当たることは検察側に立証責任がある（上川陽子法務大臣・二〇一五年五月一九日衆議院本会議）。「義務づけが原則であることからすれば、例外規定は、録音・録画により取調べの機能に『深刻な』支障が生じる場合に限定[*10]」し、その特別の事情・因果関係が客観的、合理的に存することを立証しなければならない。

裁判所は、例外規定に当たるとする検察の立証が功を奏したか、厳密に判断しなければならない。しかし、裁判所にそれを期待できるか。翻って、刑訴法には、伝聞証拠法則の原則と例外を逆転させてきた運用の歴史がある。裁判所の適切な対応を求める弁護側の活動が必要である。

その立証責任の前提として、取調べの全過程で、録画の有無と録画した場合の録画時間、録画しなかった場合にはその理由を明記する記録を作成し、弁護側に開示しなければならない。その記録がなければ、検察側の立証責任が果たせず、例外事由に当たらないと認定すべきである。

(2) 別件起訴後の本件取調べ

別件起訴までの別件逮捕勾留中の本件取調べ（違法性の問題があるが）には録音録画義務があることには争いがない（二〇一五年五月二七日衆議院法務委員会政府答弁）。

＊10　葛野尋之「取調べの録音・録画制度」法律時報八六巻一〇号（二〇一四年）一九頁。

ところが、別件起訴後の本件取調べには録音録画義務がないとするのが政府答弁だった（二〇一六年四月一四日、二一日参議院法務委員会）。その理由はこうであろう。現行実務は起訴前の取調べのための勾留を容認し、起訴後の勾留（取調べのための勾留ではない）と区別する。そこで起訴前勾留には取調受忍義務を認め、起訴後勾留には取調受忍義務がないとされる。この観点から、取調受忍義務のある別件勾留中の本件取調べには録音録画義務があり、別件起訴後勾留には取調受忍義務がないから録音録画義務がないとした。任意取調べが録音録画義務の対象とされていないこととの整合性を持たせようとした解釈である。

しかしながら、取調受忍義務の有無をメルクマールとして解釈する必要は必ずしもない。改正法が録音録画義務を規定した本来の趣旨から解釈すべきである。

改正法は全過程可視化が原則であり、一部可視化の弊害を除去するためには、身体拘束中の本件取調べには（取調受忍義務があろうとなかろうと）録音録画義務があると文言解釈してよいであろう。*11

なお、参議院法務委員会附帯決議は、別件逮捕勾留を容認する（その違法性を問わない）前提で、政府答弁の解釈を示し、別件起訴後勾留中の本件取調べの録音録画を努力目標にとどめており、問題である。

(3) 実効性担保規定

(a) 部分録画提出促進のおそれ

被告人に不利益な事実の承認を内容とする供述調書（自白調書）の証拠調べが請求されたとき、その任意性が争われれば、検察官は「当該書面が作成された取調べ……の開始から終了に至るまでの」録音録画を証拠調べ請求しなければならない。そうしなければ自白調書の証拠調べ請求が却下される（同条一項・二項）。取調べの可視化の実効性を担保するための措置といわれる（前記例外規定に当たる場合は、録画の取調べ請求がなされなくても、自白調書は却下されない）。

しかし、自白に至るまでの先行取調べの全過程が可視化され弁護人に開示されない限り、その調書が作成された「回」の録画だけでは、自白調書の任意性判断はできず、意味がない。[*12] 肝腎の自白に至るまでの先行取調べ過程の録画を出さなくていいというのであれば、自白する場面だけの〝いいとこ取り〟の部分録画にすぎず、そこで心証を取られれば、かえってえん罪を生むおそれがある。

この規定は、取調べの録画が自白調書の任意性立証のための補助証拠として使用されるという法構造ではあるが、信用性も事実上判断され、さらには実質証拠的に機能する。この証拠調べ請求が改正法で義務付けられるという建付けであるから、部分録画が法廷に次々と、堂々と提出されることが予想される。これでは、捜査段階ではなく公判廷で心証を取る公判中心の近代刑事司法にしようとして裁判員裁判が始まったはずなのに、公判中心主義の破壊を改正法が促進するおそれがある。

＊11　改正法案国会審議の最終段階で、録音録画義務の有無について政府答弁と日弁連見解が分かれた。政府答弁という公権解釈がまかり通るおそれがあるので、日弁連としては疑義のないように法案修正を働きかけるべきであった。私は参議院法務委員会参考人として、あえて日弁連とは異なる解釈を述べ、日弁連が法案修正に動くことを期待したが、日弁連は、廃案をおそれて動かなかった。

＊12　葛野・前掲＊10一六頁参照。

そこで、〝いいとこ取り〟の部分録画が法廷に出される弊害をなくし、憲法・刑訴法の公判中心主義に沿う解釈と運用が求められる。

(b) **実効性担保規定の解釈と運用**

ビデオ録画の弁護人への開示とその証拠採用を区別し、弁護人への開示はできるだけ拡げ、証拠採用はできるだけ避ける観点から改正法を解釈し、その運用と弁護人の対応を検討する。

①任意性立証のための補助証拠に限定

実効性担保規定は、録画が供述調書の任意性立証のための補助証拠とされる趣旨である。したがって、信用性立証のための補助証拠とはすべきではなく、もちろん、実質証拠としては使用すべきではない。「改正法で定められた……利用方法を超えて……実質証拠として……用いた場合には……直接主義の原則から大きく逸脱し……適正な公判審理手続ということには疑問がある。……改正法の背景にある……取調べや供述調書に過度に依存した捜査・公判から脱却すべきであるとの要請にもそぐわない……したがって……実質証拠として用いることの許容性や……条件等については……慎重に検討する必要がある」(前掲東京高判)。そこで、任意性立証のための補助証拠に限定すべきである。それ以外は、弁護人は不同意の意思を述べるべきである。

逆に、弁護側が任意性を争う証拠として検察の取調べ請求に同意するか、自ら証拠調べ請求するときは、この限りではない。

②録音録画提出義務の範囲

検察が任意性立証のために録音録画を証拠調べ請求するときは、その自白調書を作成した「回」の取調べだけでいいのだろうか。この点、法務省も、「前の取調べと調書を取る取調べとの内容の一体性などに鑑みて、結局、調書を取った取調べと同一の機会と言えるかどうかを判断せざるを得ない」（法制審・新時代の刑事司法制度特別部会第二六回議事録一八頁・保坂和人幹事）と述べており、必ずしも同一の「回」に限るものではないようである。しかし、その取調べの「回」（もしくは、連続する同一の機会の「回」を含めても）の録画を見るだけでは、自白に至る過程がわからないので、自白調書の任意性の判断はできない。

イタリア、オーストラリアで、全過程可視化されていなければ一本の供述調書も証拠採用されないとするのは理にかなっている。せめて、自白に至るまでの先行取調べの全過程を可視化し弁護人に開示しない限り、自白調書を証拠採用しないとすべきである。本条項はこのように解釈されるべきであり、少なくとも、このように準用されるべきである。

③取調べ請求と証拠採用の区別

改正法上、録音録画の取調べ請求義務があるとされる場合であっても、それを証拠採用するのは別の問題として区別すべきである。

まず弁護人に取調べの録画が開示されることが重要であり、その結果、任意性の争いを撤回すれば、録画を証拠採用しないように運用すべきである。

ビデオ録画は実質証拠的に機能する。あくまでも任意性を争う場合、任意性立証のための補助証拠としての証拠申請に限定されたとしても、弁護人は、公判中心主義の要請から、ビデオ録画の証拠採用には「必要性がない」として反対の意見を述べるべきであろう。

「公判廷での取調べの映像記録再生は原則禁じられるべきで、被撮影者である被告人側から再生の申出があった場合、あるいは、再生への同意があった場合にかぎって許される」[*13]べきである。そのかわりに、ビデオ録画ではなく、その反訳書を証拠採用させることは検討されてよい。

(4) 対象事件以外の全過程可視化を目指す運用

改正法では、任意取調べ、参考人の事情聴取は、録音録画義務の対象とされない。裁判員裁判対象事件と検察官独自捜査事件での身体拘束中の被疑者取調べのみ対象とされるが、それは公判請求事件すべての三%にすぎない。

任意取調べという形で事実上強制的取調べが行われ、自白を強要されることはよくあるし、また、参考人という名目で取り調べて自白すれば被疑者に切り替え逮捕されるケースもよくある。したがって、改正法の全過程可視化原則を可視化対象事件以外にも拡げ、任意取調べや参考人聴取にも拡げた運用を目指すべきである。その場合、〝いいとこ取り〟の部分録画ではなく、全過程可視化しなければならないことはいうまでもない。

(5) 改正法施行に向けて

可視化についての改正法は、公布から三年以内に施行される。改正法の解釈をどのように定着させるか、可視化は弁護をどう変えるか、改正法施行の最初が重要であることはいうまでもない。裁判所がどれほど例外規定を厳格に解釈し、弁護人への録画開示を拡げ、かつ、録画の実質証拠化を阻止するかが問われている。何しろ、取調べ中心主義か公判中心主義か、改正法の解釈・運用によって、裁判所の存在意義がかかっているのであるから。

したがって、裁判所が本稿に記載した方向で改正法を解釈・運用することが期待されるし、それに向けた弁護活動が求められる。

3　真の新しい刑事司法の提言

志布志事件、氷見事件、足利事件を総括した捜査側の報告書は、担当捜査官が事件の筋を見損なった、無理をした、それを上司はチェックできなかったと総括している点で共通している。上司を含めて、個人の責任にしているように見える。なぜ、担当者が行きすぎたのか、なぜ上司がチェックできなかったのか、それはシステムの問題である。第三者機関を設置して、システムの問題として原因を究明し、えん罪を生み出す構造・問題点を洗い直さない限り、同じ過ちを繰り返す。

二〇一一年三月、検察の在り方検討会議が、「『密室』における追及的な取調べと供述調書に過度に依存した捜査・公判を続けることは、もはや、時代の流れとかい離したもの」「現在の捜査・公判実務を根本から改める必要がある」と、取調べの在り方に踏み込んだ画期的な提言をとりまとめた。

この提言を受けた今回の法改正は、遅れた日本の実務と決別し、取調べの可視化が供述獲得を妨げ

＊13　指宿信『被疑者取調べ録画制度の最前線』（法律文化社、二〇一六年）三三九～三四〇頁。

る場合があってもそれでも例外なく全過程可視化して取調べを規制し、取調べ中心主義から公判中心主義に転換する絶好の機会だった。しかし改正法は前述した通り中途半端なものになってしまった。

二〇〇七年、二〇一三年国連拷問禁止委員会、二〇〇八年、二〇一四年国際人権（自由権）規約委員会は、取調べ時間の法的制限、取調べへの弁護人の立会い、取調べ全過程録画を合わせて日本政府に勧告している。*14

海外では取調べはせいぜい数日程度であり、長期間・長時間の取調べによって自白が得られても、裁判所は「抑圧的な状況で得られた自白である」と認定して、証拠排除する。これが国際レベルだ。ドマ委員は、「二時間取調べて、休憩する。それをきちんと記録する。お茶や、昼食後、また二時間取調べて終わり。夜の取調べは絶対にダメ。一日四〜五時間の取調べで充分」と述べている。長時間、長期間の取調べを規制することによって、取調べの全過程可視化が現実性を獲得する。

また、取調べに弁護人が立ち会うことができれば、可視化すれば取調べの真相解明機能が害されるという古い意識も一掃され、全過程可視化が現実化する。弁護人の立会いは権利として確保できればよく、必ずしもすべての取調べに立ち会う必要はないが、取調べ時間が制限されれば、弁護人の立会いも現実化する。東住吉事件で再審無罪が確定した青木惠子さんは、「弁護士が立ち会って一から十まで録画しないとえん罪はなくならない」と訴えている。

取調べの全過程可視化は、取調べ時間の法的制限、取調べへの弁護人の立会いとセットで初めて実現する。この三点セットが、取調べを規制し、取調べ中心主義から決別する道である。この道が人質司法の打破、代用監獄の廃止に通じる。

二〇一四年国際人権（自由権）規約委員会は、日本政府に対して、「代用監獄を廃止するためにあらゆる手段を講じること」を勧告した。[*15]日本のえん罪を断ち切る根本は代用監獄の廃止である。三年後見直し（改正法附則九条）に向けて、取調べの在り方にメスを入れ、取調べは規制しなければならないことを近代刑事司法の基本理念として明確に打ち出し、例外なき全過程可視化へと進まなければならない。

地方紙は軒並み、改正法を批判し、三年後見直しを待たずに今から改正作業をすべきだと主張している。

（こいけ・しんいちろう　弁護士、日弁連刑事拘禁制度改革実現本部副本部長）

＊14　日本弁護士連合会編『改革を迫られる被拘禁者の人権　二〇〇七年拷問等禁止条約第一回政府報告書審査』（現代人文社、二〇〇七年）二八頁。

＊15　日本弁護士連合会編『国際人権（自由権）規約第六回日本政府報告書審査の記録——危機に立つ日本の人権』（現代人文社、二〇一六年）一五二頁。

コラム

えん罪被害者は可視化をどう見るか

桜井　昌司

1　なぜ可視化なのか

私たちえん罪被害者は、それぞれに警察と検察による自白強要を体験していて、事案に違いはあるが、見立てを誤った犯人視からの暴力的な取り調べこそが、うその自白を生み出す原因であることを知っている。経験している。

その体験が教えるのは、最初にうその自白を作り上げる警察の取調べを可視化する必要性で、それが実現しない可視化ではえん罪防止に役に立たないと思っているのに、今度の刑事訴訟法改正（以下、「可視化法」ともいう）では警察の取調べ可視化に抜け道を許してしまった。これではえん罪防止に役立たないどころか、ますます警察のやりたい放題を許すことになると危惧している。

今度の可視化法は大阪地検特捜部による証拠改ざん行為が明らかになったことで実現の動きが本格

化したこともあってか、不祥事は検察だけにあって、まるで警察の捜査や取調べには問題がないかのように言う人もあった。そのような声は警察自身と御用学者から聞こえたが、自白強要と証拠ねつ造は警察の専売特許であり、常套手段であると知る私たちには、白々しい発言だった。

なぜ警察が可視化法の制定に「こうすべき、ああすべき」と自分たちの要求を語れる立場なのだろうか、私たちには理解できない。なぜ検察が法務省に名を借りて法律の条文案を作成できる立場なのだろうか、全く理解できない。

審議会の設置では、関係官僚の参加を抑制するとした閣議決定があるが、それは措くとして警察も検察もえん罪を作り出す当事者だ。その上に、その自覚がない。えん罪を作る自覚がない警察と検察だからこそ、えん罪を防ぐ「全面可視化」に抵抗するのは必然だ。可視化の議論に参加させたことが過ちだったろう。

なぜ取調べの可視化が必要なのかは、改めて言うまでもないだろうが、無実の人を罪に陥れることがないようにするためだ。人間も組織も誤りを犯すものであって、その誤りを検証する手段として可視化が求められているのだ。しかし、これまでに数多のえん罪事件が明らかになったのにもかかわらず、「なぜえん罪が生まれるのか」について、警察と検察は反省もしなければ検証もしていない。このような警察と検察が、今回の法律制定に力を持って参加したことが中途半端な可視化法が作られた原因だ。

私たちえん罪被害者は、今回の法律ではえん罪は増えこそすれ、無くならないと思っている。

2　今回の法律が生み出すモノ

私たちえん罪被害者が体験した警察の取調べは、とても正気とは思えない酷さだ。それは強盗殺人事件でも痴漢事件でも変わらない。犯人だと思い込んだらば、「徹底的に追及して自白させろ。無実だと思ったらば負けだ。体力勝負だ、連日取り調べて弱らせろ」などとする警察の取調べ指針によって、罵倒され、暴行され、嬲《なぶ》られた。警察が警察官教育として行う、その取調べ指針が変更されたとは聞かないので、今も同じことが行われているはずだ。

そのような警察に「充分に供述させられないときは録音録画を停止してよい」とする法律を与えたのだから、私たちが経験したような取調べは、今後も続くことになる。

「充分に供述させられない」という状態が語るところを想像できない人はいないと思うが、私たちが警察官に対して「犯人ではない」と必死に訴えた、あのときの状態だ。実際に事件を起こした人も否認するだろう。無実を訴えるかもしれない。当然、無実の人も同じように犯人であることを否定する。ところが警察は、無実の人の否認も「いつも犯人がやる否認だ」と考えて「証拠があるんだよ！お前しかいないんだよ！」と追及する。真犯人は認めれば罰が待っているので、必死に抵抗できるだろうが、無実の人は疑われることも辛い。「死刑もあるぞ」「否認すると長い刑になる」などと脅されるのは恐怖だが、現実に「体力勝負」として続く取調べそのものが苦しい。「脅され、罵倒され、暴行され」、現実として続く取調べによって体感する苦痛を逃れたいと思ってしまうとき、うその自白が生まれてしまうのだ。

多くのえん罪を生んだ、このようなうその自白を生み出す取調べを防ぐには、取調べの過程を漏れなく録音録画するしかないのに、警察自身に録音録画の可否を決めさせるなど、どうして許されるのだろうか。このような法律に賛成して成立させた人たちの考えが信じられない。

今市事件の結果は、私たちの危惧が杞憂でないことを教えた。

あの事件を審理した裁判員たちは「映像がなければ有罪判断ができなかった」と語ったが、「可視化」映像を取調べ行為の検証のために使うのではなくて、有罪判断の証拠として使用されることになる危うさと重大さを加えて、私たちの危惧以上の大問題を提起した。

今市事件の被疑者は一四〇日以上も拘束されて「幼女殺人事件」を追及された。しかし、その一四〇日間の、すべてが録音録画されてはいない。検察官の取調べ段階で「やった」と認めた部分を中心に録音録画した映像を見せて「ほら、素直に話しています、無理な調べはしていません」と検察官が主張したことを裁判員者たちは信じたわけだが、部分録画が誤った判断を生んで危険であることは、これまでのえん罪事件で証明されている。

私の経験した布川事件でも録音テープが存在する。その録音テープを聞いた裁判官は「長時間にわたり、すらすらと話していることは犯人の証拠だ」として有罪判断をしたが、現場見取り図を使った警察官の、長時間にわたる一問一答の誘導によって「自白」を作れば、その作り話を記憶して話すことなど、誰にでもできることだ。問題は、その「すらすらと話した自白」が、どのように作られたかという経過なのだ。

今市事件では、その肝心な部分を録音録画していない。検察官に調べられる前に警察で調べられ、連日責められたのだ。そして、そこでも「犯人だ」と認めたはずだ。もちろん、「自白」も作られているのだから、警察の取調べで記憶した「犯行」を、次の段階の取調べになる検察で語れて当然だ。なぜ「検察段階での録音録画で進んで語っているから犯人だ」ということになるのだろうか。

私の体験した四九年前の布川事件と同じことが、現在でも形を変えて行われていることを示したのが今市事件だ。

可視化法といわれる改正がなされたが、警察官に録音録画の停止権を与えて自由な使用を認めたことは、布川事件や今市事件と同じように、今後も「否認するえん罪者には録音録画を止めて精神と肉体を痛めつける取調べを行い、認めた後に録音録画を再開して任意的で信用性ある自白だ」と演出した映像を作るだろう。

改正された法律では、今まで以上に巧妙に映像を使ったえん罪作りが行われると教えたのが、今市事件だ。部分的な録音録画は可視化とはいわない。長く裁判で有罪証拠に使われた調書の映像化でしかない。非常に危険なえん罪作りの道具を警察に与えてしまったのだ。

3 世界の孤児

今回の法律が作られる過程で警察は「全面可視化すると犯人が自白しなくなる、必然的に逃がしてしまうことになって治安が乱れる」という主張をした。法制審議会の中で警察官僚が語ったそうだが、何も根拠のない、このような意見が全面可視化を阻止するために語られ、かつ言うがままに認められていること自体が、私たちには信じられない。

世界の潮流は、今や全面可視化だ。常識だ。韓国、台湾ですらも（すらなどと書いては失礼だが）、取調室で行う取調べについては、すべてを録音録画している。取調べのすべてを録音録画している世界の国で、どこに治安の悪化した国があるのだろうか。治安を人質とした、全く根拠がない脅しに屈してしまうのが日本だ。

国連の人権問題の委員会では、世界の司法制度とはかい離する日本の現状について「可視化制度の不存在、長期間拘束、弁護人の立会い無しの取調べ」などを改善するように追及されている。しかし、日本政府は「日本には独特の捜査文化があって、取調べをする人と調べられる人が心を開き合うような取調べを行い、事案解決を図り、なおかつ更生をも行わせる。可視化や弁護士の立会いは、それを阻害する。時間をかけて調べる必要がある」などと主張している。

警察が逮捕しての拘束時間は、長くても一、二日。すべての取調べには弁護士を立ち会わせて録音録画をする。これが世界の常識だ。

ところが日本は、警察が逮捕すると法律的に二三日間もの拘束ができるし、別件逮捕を続ければ何か月でも拘束し続けることが可能になる。弁護士の立会いは拒否しているし、可視化は部分的。国連の人権委員会では、「日本の司法制度は中世にある」と揶揄される始末だ。居眠りで処刑されることはないにしても、北朝鮮を笑えない司法のレベルといえるのではないだろうか。

4　私たちが求めるもの

私たちえん罪被害者が求める法律は部分可視化ではない。

体験したことからえん罪防止対策として求めるところは、警察が逮捕する時点からのすべてを録音録画すること、参考人を含めて、その取調べのすべてを録音録画すること、この二点だ。

アメリカでは全警察官のボディカメラ装着が実現したそうだが、これは市民を守るためだけの目的で実現したものではないそうだ。警察官自身を守る措置らしい。

今や街頭監視カメラが常識になった日本だが、なのに警察は聖域だ。警察内部のすべてに監視カメラを設置しろ、などとは言わない。警察が公務として行ううちの、ほんの一部である取調べ部分だけを可視化してほしいと求めているだけなのに、それすらも触れることを許さないのだ。

なぜなのかといえば、今や発生する事件の検挙率は三割を切る事態になり、検挙率が低下して警察の威信の低下を案じている警察官僚は、少しでも犯罪解決実績を上げたいがために、私たちが体験した暴力的な取調べを放棄できないのだ。だから「治安を守る」の言葉を錦の御旗として違法的な取調べを行ってえん罪をも作り出しているのだ。

全面可視化を言うと「資金、予算の問題がある」と反論する声もあるが、何もカメラだけが可視化ではないだろう。ＩＣ録音機でもいい。交通取締まりも含めて街に出る警察官、捜査取調べを行う警察官に所持させて、すべての捜査を録音することから始めればいいだけのことだ。録音機など、一個三千円程度だろう。警察が大量に購入すれば、もっと安くなる。事務員や内勤者などを除いた警察官は一〇万人としても三億程度だ。明日からでも可能な数字だろう。ＩＣ録音機を手始めとして、順次に、全警察官にはボディカメラを設置して、全警察署の可視化装置設備を進めていけばよいのだ。要はやる気だ。

5　日本的過ち

人は過ちを犯す。人の集まる組織も同じだ。過ちは犯さないとするところから人間も組織も腐る。古今東西を問わず、人類の歴史として検証された事実だ。

ところが、七〇年前は天皇が神として日本の支配者であったことから、その神である天皇の代理として捜査を行い、裁判をする立場だった警察や検察、裁判所は無謬であることを求められた。その残滓が、今でも残っているのだろうが、間違いを認めない。

私たちの布川事件が、なぜに作られたかなど、えん罪原因の解明のために国賠裁判を行えば、警察と検察は「捜査記録と証拠は洪水で流出した、すべての証拠を勘案して起訴したことに間違いはない。すべての証拠を見せる必要はない」と理不尽な抵抗をする。そして、裁判所は、警察や検察の主張するがままに認めて「洪水があったのだから流れたか、汚染で廃棄したものと認める、証拠は提出しないでもよい」などと判断する始末だ。

人の行いに絶対はない。絶対に誤りはないとして存在し続けてきた警察と検察と、その組織の言うがままに運営されてしまう裁判の歴史こそが、今日の司法の問題を作り出しているといえるだろう。

もう何度も書いてきたことだが、「足利事件の菅家さんは無実だ。誤ったDNA鑑定に引きずられてしまい、しかも菅家さんは迎合性が強くて自白のウソが見抜けなかった。しかし、布川事件の桜井と杉山は犯人であることは間違いない。判断の難しい自白について、裁判官の判断が違っただけだ」と検察は嘯《うそぶ》いている。

九九・九パーセントの有罪率を誇る日本の裁判にあって、一旦有罪を確定された者が、再審でえん罪を晴らすことは至難の業だ。奇跡と表現してよいだろう。死刑無期事件では、まだ戦後でも九件しか再審無罪を実現していない。たった九件、一一名しかいないが、奇跡のように潔白を証明できた人に対しても、検察は「犯人だ」と放言して止まないのだ。このような犯罪的な放言が許されるところに、日本の特殊性、異常性があるし、えん罪を生み出す土壌を改善できない原因も存在する。

私たちの無実を示す証拠を隠し続けてきた行為を反省せずに、負け犬の遠吠えのごとき放言をする検察官を思うと、このような人たちに正義を求めることの絶望を感じてしまう。これが欧米諸国ならば「無罪にはなったが、二人は犯人だ」などと語る検察官がいたらば、きっと罪に問われるだろう。社会から放逐されるかもしれない。

先日、検察庁を訪ねた大学生たちと話す機会があったが、今も検察は「自白こそ事案の解明に重要である」と語るそうだ。事件の解決は証拠によるべきだし、自白は、その付け足しにすぎないだろうに、日本の検察は、いまだに「自白が重要」と考えているというのだから、今回の刑訴法改正が歪むわけだ。

言葉は事実だけを語るわけではない。真実だけを語るわけでもない。そのことは人間として生きた歳月があれば、誰もが体験しているだろう。うそを真実とも語れる。真実をうそとも語るのが人間だ。警察や検察が「犯人だ」と思い込んだ人を拘束して、自分たちの見立てどおりにしようと追及すれば、大部分の人が理不尽な追及の痛みに耐えかねて、警察や検察が求めるとおりの答えをしてしまうだろう。拘束されることは辛い。辛さを逃れるためには、追及者の求めに応じるしかないからだ。

検察が「自白は事案の解決に重要」と語ることは、所詮は自己満足の世界を語っているとしか思えない。自分の見立てどおりの解決をして自己満足する世界が、日本の警察と検察なのだ。この世界に誇るべき日本の捜査の特殊性と後進性こそ、変えなければならない問題で、そのために必要なのが全面可視化の実施なのだ。

6　可視化が守るもの

取調べの全面可視化はえん罪を防ぐ手段としてだけあるのではない。警察官を守る法律としても必要なものだと考えている。

アメリカの警察官がボディカメラを装着したのは、自分の行為の正当性を証明する映像として残すためもあるそうだが、日本における全面可視化も同じ理由がある。

私たちえん罪被害者はそれぞれが体験した非道な取調べだが、裁判になって「痛めつけた、暴言を吐いた、うその証拠を示して追求した」などと正直に認めた警察官や検察官はいない。等しく「穏やかに調べたらば認めた」などと証言するだけだった。もし、これまでの取調べに映像が残されていれば、絶対に語れなかったうそを平然と語った。そして、警察官の偽証を語るがままに認める裁判官によって、「無理な調べはなかった」として有罪になってきた。これを防ぐには、漏れなくすべての取調べを映像として残す以外にないのだ。

私も警察官にうその自白を強制された。そしてうその自白をしたことで二九年間の獄中生活もしたし、今も裁判をしているが、社会正義を守りたいとか、市民を守りたいとか、正義の体現に憧れて警察官になるだろう人たちが、無実の人を犯人にしたいとか、うその証言をしたいなどとは思ってはいないだろうと信じている。

なぜ誠実な気持ちで警察官になった人たちが、平然とうそを語り、えん罪作りに加担するのかといえば、そうしなければ警察官として生きていく道が閉ざされるからだ。「痛めつけて自白させろ、徹底的にやれ」と教育される、その方針に逆らえば解雇が待っている。だから、傷めつけもするし、何でもやる。しかし、この方針に、すべての警察官が納得しているだろうか。

あれは、いつだったろうか。私のうその自白を作った早瀬四郎警部補は、私が取調室に使われていた看守仮眠所に行くと、頭を抱えていたことがあった。「桜井、杉山とお前の言うことが違うんだよ。どっちが正しいんだ？」などと語っていたが、無実ゆえに多くの不一致を生じた「自白」について、きっと「おかしい」と思っていたのだろう。

もし取調べの過程が、すべて録音録画されたならば、取調べにあたる人は、自分の良心に従って調べればよくなる。うそを言って自白を迫ったり、偽計を用いて自白を迫ったりなどの、理不尽なことは不可能になる。もちろん肉体的、精神的な脅迫を行えなくなる。行えば、警察官としての地位を逆に失うからだ。

あのとき、全面可視化の法律があれば、きっと早瀬警部補はえん罪作りから逃れたかもしれない。取調べの全面可視化は、理不尽な取調べを行いたくないと思う警察官を守る法律でもあるのだ。

7　司法改革に求めるもの

ある著名な文化人は、警察官に可視化の可否決定権を与えた今回の法律について賛成する立場から「日本では革命は起きない」と語ったそうだ。「ゆえに少しずつ進めるしかない」と、今回の刑訴法改正を評価したそうだが、世界の常識が革命だとしか思えない、こういう人たちが文化人として社会に発言する日本社会では全面可視化などは絶望的だろう。

絶望的なのは文化人だけではない。国の最高機関として存在するはずの国会が、また悲惨だ。国民に選挙によって選ばれて、国民に代わって立法府として社会に必要な法律を制定するのが国会議員の役目ではないのだろうか。警察や検察の思惑ばかりに乗って法律を作ることだけが役目ではあるまいに、日本の政治家はえん罪を防ぐ法律を作る気持ちなど、サラサラ持っていない。戦後、九件の再審無罪判決がありながら、一度たりとも、その原因を究明する委員会が作られない。絶望的な国会の体たらくだろう。

えん罪は司法にあってはならない過ちだ。真犯人を逃がし、無実の人を犯人にする、二重の過ちを重ねるからだ。それなのに一向にえん罪を作る仕組みは変わらない。

私もそうだったが、自分がえん罪を体験するまでは他人事だった。国民の多くも、えん罪は「たまたま起きる不幸な事態」としか思わないだろう。しかし、違う。日本のえん罪は警察と検察の違法的な取調べで作られる。しかも、証拠のねつ造までもが、どのえん罪事件でも行われている。そこに歯止めをしない限り、えん罪は無くならない。

犯罪的なえん罪作りを止めさせるには、警察と検察の取調べの全過程は、全面可視化するしか手段はない。

課題は残されたままだが、私たちは屈しない。絶望的なえん罪との闘いを思えば、道理を求める全面可視化の闘いなどは容易だ。国民が真実を知れば、必ず可能だからだ。

（さくらい・しょうじ　えん罪被害者〔布川事件で無罪〕）

4 被疑者国選弁護人制度の拡大と証拠リスト交付制度の導入
――弁護活動の充実に向けて〈1〉

葛野　尋之

1　問題設定

二〇一六年の改正刑訴法は、被疑者国選弁護人制度の拡大とともに、証拠一覧表（証拠リスト）交付手続の導入をはじめとする証拠開示制度の拡充を含むものであった。これらは、弁護人の効果的援助の下での被疑者・被告人の防御権の強化という点において結節する。

本稿は、被疑者・被告人の防御権および弁護人の援助を受ける権利（以下、「弁護権」という）の実質化という観点から、これらの改正の意義と限界を明らかにした上で、残された改革課題を示す。

2　被疑者国選弁護人制度の拡大

(1)　改正の意義

一九九二年に全国実施された当番弁護士制度の成果を踏まえ、二〇〇四年における被疑者国選弁護人制度の導入、二〇〇九年における選任対象事件の拡大を経て、また、世紀転換期の司法制度改革による弁護士数の増加も与って、被疑者の弁護人選任率が顕著に高まった。他方、公判前整理手続の開始、裁判員制度の導入、取調べ録音・録画の開始と拡大などを通じて、刑事手続が従前にも増して複雑化し、さらには当事者主義的手続運営が強化されるに伴い、捜査、公判を通じての刑事弁護の活性化も見られる。[*1] 二〇一六年の刑訴法改正は、このような流れに沿うものである。

改正法は、被疑者弁護に関して、①国選弁護人の選任対象事件を被疑者が勾留された全事件へと拡張し（刑訴法三七条の二第一項。以下、参照条文はすべて刑訴法）、②逮捕・勾留された被疑者・被告人に対して弁護人を選任する権利について告知するにあたっては、弁護士・弁護士法人・弁護士会を指定して選任を申し出ることができる旨およびその申出先を教示しなければならないとした（七六条二項・二〇三条二項・二〇四条二項・二〇七条二項など）。

被疑者国選弁護人制度において、選任対象事件は、二〇〇四年導入当初、法定刑の短期一年以上の法定合議事件などにより勾留された被疑者の事件に限定されていた。二〇〇九年には、死刑または無期・長期三年以上の懲役・禁錮の事件により勾留された被疑者の事件に拡張された。この改正により、窃盗、傷害、詐欺などが選任対象事件に含まれることとなり、被疑者の国選弁護人選任率は大きく増加した。日本司法支援センター（法テラス）の統計によれば、勾留状発付人員に対する被疑者国選弁護事件受理件数は、二〇〇八年に五・七％であったものが、二〇一〇年には五八・三％、二〇一三年には六三・五％となっている。[*2] 従前の選任対象事件は、勾留されたすべての被疑者の事件のうち七割程度を占めていたとされるが、[*3] 今般の改正①により、そのすべてが選任対象事件とされることとなった。被疑者の弁護権の保障が、また一段、強化されることになる。

また、実務においては従前より、弁護士会が自ら運営する当番弁護士制度の下で、被疑者が弁護士を指定することなく弁護人の選任を要求した場合、その要求は、弁護士会を指定してする弁護人の選任要求として扱われ（七八条・二〇七条一項・二〇九条）、弁護士会の当番弁護士制度と連動して、当番弁護士の派遣へとつながっていた。改正②は、逮捕直後からの被疑者による弁護人の選任要求を促進し、被疑者が当番弁護士の援助を受ける可能性を拡大することになろう。逮捕後、勾留段階まで国選弁護人の選任がなされないことからすれば、このことは、国選弁護人制度の「空白」段階において当番弁護士の援助を広げることになるはずである。被疑者の選任希望があれば、当番弁護士が引き続

＊1　葛野尋之『刑事司法改革と刑事弁護』（現代人文社、二〇一六年）三二九頁以下参照。質的活性化は、弁護人の実践報告などのほか、被疑者との接見回数、勾留請求却下・保釈率、さらには否認率の各増加などからも窺うことができる。
＊2　『法テラス白書・平成二七年度版』http://www.houterasu.or.jp/cont/100798030.pdf。
＊3　前田裕司「弁護人による援助の充実化」刑事法ジャーナル四四号（二〇一五年）二六頁。

き弁護を行うことも多い。近年、受任率は顕著に増加している（二〇〇八年に二一・三％であったものが、二〇一三年には四四・三％）。受任した場合、被疑者に十分な資力がないときは、法テラスの刑事被疑者弁護援助を受けることも多い。当番弁護士制度の重要な役割からすれば、改正②は、逮捕段階の被疑者弁護の強化につながるであろう。

(2) 限界と今後の課題

捜査手続の結果が、起訴・不起訴の決定、ひいては公判の裁判に重要な影響を与え、また、密行性が高く、インフォーマルな捜査手続においては、被疑者の人権が侵害される危険性が高いことから、被疑者に対する弁護権の保障が、起訴後の被告人に対する保障に優るとも劣らず重要である。具体的には、①被疑者に対する適切な助言、取調べの適正さの監視、義務化対象事件以外での録音・録画要求など、取調べへの対応、②身体拘束からの早期解放、③防御上必要・重要な証拠の早期収集、④接見などを通じての弁護方針の早期策定などにおいて、[*4]被疑者弁護の必要性・重要性はますます高まっている。また、捜査段階の弁護の強化は、必然的に、公判段階の弁護の充実につながり、公判審理の活性化をもたらす。これらのことからすれば、今回の改正は、それ自体、ポジティブに評価し得るものである。

しかし、なお限界もある。最大の問題は、改正法によっても国選弁護人の選任が勾留後に限られ、逮捕段階が依然として「空白」のままであることである。身体拘束初期の逮捕段階において、先の諸点における被疑者弁護の必要性・重要性はひときわ高い。取調べの録音・録画が広がり、さらに供述調書に代わり記録媒体が犯罪事実を立証するための実質証拠としても利用されるようになっていることから、取調べにどのように対処すべきかについて、逮捕直後から弁護人が被疑者に対し適切な助言を提供することが、ますます重要になっている。

このことからすれば、逮捕段階の公的弁護制度を構築することが、喫緊の課題といえよう。[*5] 被疑者の選任請求に応えて、裁判官が資力要件など選任要件の有無を審査した上で選任するという現行の国選制度の枠組みにおいても、書面による選任要件の審査を行うことにより、逮捕段階からの選任が可能になろう。また、弁護士会の全面的な財政負担の下で運営されてきた当番弁護士制度および法テラスの刑事被疑者弁護援助制度を公費により運営するという制度改革もあり得よう。

逮捕段階の公的弁護が制度化された後も、被疑者による逮捕直後からの確実な選任要求をどのようにして確保するかが、なお課題として残る。この課題は、改正法の下での当番弁護士の援助へとつながる弁護人の選任要求についても妥当する。改正法の運用については、教示の具体的内容に工夫・配慮が必要なこと、捜査機関に対する協力要請が必要であること、弁護士会の対応態勢の確立が急務であることが、すでに指摘されている。[*6] 重要な指摘である。しかし、より原理的な問題もある。逮捕後、身体拘束下において、被疑者は捜査機関と対峙状況に置かれる。黙秘・否認する場合、対峙状況はい

＊4　前田・前掲＊3二七頁。
＊5　葛野尋之『未決拘禁法と人権』（現代人文社、二〇一二年）二〇九頁以下参照。
＊6　前田・前掲＊3二九頁。

っそう厳しいものとなる。このような中で、被疑者に対して弁護人の選任要求を思いとどまらせようとする有形・無形の圧力が生じ得ることになる。このことは、諸外国の経験が教えるところである。逮捕直後からの確実な選任要求を保障するために、たとえば、当番弁護士が警察署に待機し、逮捕後引致された被疑者と速やかに接見し、被疑者の選任意思を確認するという制度もあり得よう。

また、被疑者が弁護人との接見を要求した場合でも、実際に接見する前に取調べが行われるというのが現在の実務である。被疑者が弁護人の援助を受けないまま、「無防備」に、捜査機関の期待する供述を採取される危険が高まる。欧州人権裁判所は、被疑者が弁護人との接見を要求しているときに、接見機会を設ける前に被疑者を取り調べることは、欧州人権条約の保障する黙秘権と弁護権の侵害に当たるとするルールを確立した。日本においても、同様のルールを確立すべきであろう。[*7]

3 証拠開示制度の拡充

(1) 改正法の意義

憲法の適正手続主義の下、被疑者・被告人は捜査機関や裁判所が進める手続の「客体」ではなく、手続に自ら参加する「主体」としての地位を認められる。刑事手続の基本構造たる当事者主義が実質化するのも、このときである。また、憲法が保障する弁護権は、単に弁護人を選任する権利ではなく、弁護人の効果的な援助を受ける権利を意味している。手続の「主体」たる被疑者・被告人は、弁護人の効果的援助を得て、自己の防御を十分に準備する機会を与えられなければならない。明確な争点をめぐる充実した公判審理が可能となるのも、被告人側の十分な防御の準備があってこそである。防御の準備を効果的に進める上で必要となるのが、検察官側の証拠の開示である。検察官請求証拠が開示されても、それ以外の証拠が開示されなければ、被告人・弁護人としては、請求証拠の証明力を判断し、防御方針を立てるなど、効果的な防御の準備を行うことはできない

証拠開示については、長きにわたり、弁護人の開示要求に応えてなされる検察官の任意開示に加え、裁判所の訴訟指揮権に基づく個別的開示命令という最高裁判例[*8]の枠組みの中で運用されてきた。十全な防御準備の保障という観点から、事前全面開示制度を導入すべきとする提案も有力であったが、二〇〇四年の改正刑訴法は、これを退け、充実した公判審理のための争点・証拠の整理を目的とする公判前整理手続の中で、検察官請求証拠開示に始まり、類型証拠開示から被告人側請求証拠開示、主張関連証拠開示へと進んでいく段階的開示制度を採用した。

新しい段階的開示制度の下で、証拠開示は顕著に拡大した。最高裁の一連の判例を通じて、検察官が現に保管する証拠でなくとも、当該事件の捜査の過程で作成され、または入手した書面等であって、公務員が職務上現に保管し、かつ、検察官において入手が容易なものも、証拠開示の対象となるとされ、警察官が作成し保管している捜査・取調べメモの開示が認められた。[*9]また、新制度の採用後、検察官の任意開示も広がった。

＊7　葛野・前掲＊5一七三頁以下参照。
＊8　最決昭和四四・四・二五刑集二三巻四号二四八頁。

とはいえ、いくつかの限界も残されていた。最大の問題は、類型証拠開示と主張関連証拠開示が被告人側の請求によるとされたため、弁護人としては検察官側にどのような証拠があるのかが分からないままに開示請求をせざるを得ず、効果的な防御の準備にとって必要・重要な証拠の開示を確実に請求できる保障がないという点である（この点については、本書5・山本論文参照）。

今回の改正法は、この段階的開示という制度的枠組みを維持した上で、①証拠一覧表の交付手続を導入し（三一六条の一四第二項）、②公判前整理・期日間整理手続の請求権を当事者に対し付与し（三一六条の二）、③類型証拠開示の対象を拡大した（三一六条の一五）。これらは、現行法の制度的枠組みの中で、証拠開示制度を拡充しようとするものである。

改正①は、被告人側に開示請求の「手がかり」を与え、開示請求を円滑・迅速に進められるようにするためのものとされた。記載事項とされたのは、証拠物については品目・数量、供述者の署名・押印のある供述録取書については書面の標目・作成の年月日・供述者の氏名、それ以外の証拠書類については書類の標目・作成の年月日・作成者の氏名であった。改正②は、検察官および被告人・弁護人に対して公判前整理手続の請求権を付与するものであるが、公判前整理手続の中での段階的開示という制度的枠組みを前提として、証拠開示手続がとられる事件を拡大しようとしたものである。改正③は、一般的・類型的に見て被告人側が検察官請求証拠の証明力を判断し、防御の準備を進めるために有用であり、かつ、弊害のおそれが小さいものとして、共犯者の取調べ状況等報告書、検察官請求の証拠物の差押調書・領置調書、類型証拠として開示すべき証拠物の差押調書・領置調書を、新たに類型証拠開示の対象とした。

このような改正法は、適切に運用されたとき、たしかに証拠開示を拡大し、それを円滑化・迅速化することに寄与し、もって被告人側のより十全な防御の準備を可能にするであろう。しかし、限界も残されている。

(2) 限界と今後の課題

(a) 公判前整理手続の請求権

改正②は、当事者の申出にもかかわらず、事件が公判前整理手続に付されなかったために、それに付随する証拠開示制度を利用することができず、その結果、争点・証拠の整理が適切に行われないまま公判審理が行われる場合があるとの認識から、当事者に対して公判前整理手続の請求権を付与することにより、そのような事態が生じないようにしようと意図したものである。これについては、裁判所が当事者の意見を聞いた上で整理手続に付すかどうかを決定するという従前の手続と比べ、どれほど実質的な違いがあるのかという疑問も提示されている。[*10] しかし、当事者にあえて請求権を付与したということは、裁判所が事件を公判前整理手続に付すかどうかを判断するにあたり、当事者の意見を

＊9　最決平成一九・一二・二五刑集六一巻九号八九五頁、最決平成二〇・六・二五刑集六二巻六号一八八六頁、最決平成二〇・九・三〇刑集六二巻八号二七五三頁。

＊10　白取祐司「証拠開示」川崎英明＝三島聡編著『刑事司法改革とは何か』（現代人文社、二〇一四年）六一頁など。

従前以上に重視することを求めていると理解すべきであろう。その結果、公判前整理手続における被告人側の証拠開示請求権の行使がより広く認められることになろう。この点において、たしかに積極的意義を認めることができる。[*11]

しかし、改正法は、当事者の請求権を認めたものの、裁判所の請求却下に対して不服申立権を認めなかった。これは、事件を公判前整理手続に付すかどうかの決定は、公判の審理・運営に責任を有する受訴裁判所が、自らの権限と責任においてなすべきだとの考えによる。しかし、不服申立権がないときに、請求権の実質がどれほど確保できるか疑問も生じよう。証拠開示請求権は、被告人側が効果的な防御の準備を行うために決定的に重要な権利である。このような証拠開示請求権を行使し得る場としての公判前整理手続に付すかどうかの決定は、被告人の防御権の保障の実質を左右する決定である。請求権を認めた以上、不服申立権もあわせて認めることによって、決定の重要性にふさわしい手続保障を用意すべきであろう。

翻って考えると、この問題は、証拠開示請求権を、充実した公判審理のための争点・証拠の整理——これについて、受訴裁判所の権限と責任が強調されるのも肯ける——を目的とする公判前整理手続の中に組み込んだこと、そのような現行法の制度的枠組み自体に内在する問題ともいえよう。近い将来、公判前整理手続から切り離した証拠開示請求手続を構想する必要があろう。

(b) 証拠一覧表の交付手続

改正①による証拠一覧表の交付は、それ自体として証拠開示に近い効果を生み出すことを目的とするものではなく、あくまでも被告人側の円滑・迅速な開示請求の「手がかり」を提供しようとするものだとされた。記載事項が一義的に表記できるものに限定され、さらに犯罪の証明や捜査への支障のおそれなどを理由にして広汎な記載の例外が認められたのも、それゆえである。

問題は、証拠一覧表の交付によって、被告人側が効果的な防御の準備を進めるために必要・重要な証拠の開示請求を確実に行うことができるかという点である。円滑・迅速な開示請求の「手がかり」の提供という目的を前提としたとしても、本来、それが可能になる程度の記載が確保される必要がある。しかし、改正法が求める記載にとどまるとき、それができない場合が多いのではないかという懸念が提示されている（この点について、本書5・山本論文が具体例を挙げつつ明らかにしている）。

改正法において、証拠一覧表の記載について裁判所の裁定は認められないこととされたが、被告人側が効果的な防御の準備を進めるために必要・重要な証拠の開示請求の可能性を高めるべく、一覧表記載の証拠の内容が十分に把握できない場合などには、検察官に対し求釈明または照会を行うことができると理解すべきであろう。[*12] 翻って考えるとき、一義的表記が可能なものへの記載事項の限定が、円滑・迅速な開示請求のための「手がかり」の提供、さらには争点・証拠の整理を目的とする公判前整理手続の中での段階的開示という制度的枠組みに由来する固有の限界であるならば、効果的な防御

＊11　田淵浩二「公判前整理手続請求権付与の意義」季刊刑事弁護八〇号（二〇一四年）一三六頁。被告人側には、証拠開示を受ける利益に加え、検察官側立証の内容・構造の明示、訴因変改の限界づけなどの利益も認められ、検察官側にも、被告人側の立証の明示の利益が認められるとする。当事者としては、請求に際し当事者の視点からの利益を示すことが必要となろう（緑大輔「証拠開示制度」季刊刑事弁護八二号（二〇一五年）九二頁）。

準備の確保という観点から、このような制度的枠組み自体の見直しも必要となろう。原則全面開示制度の導入がなおも改革課題であり続けるのは、それゆえである。また、本書5・山本論文が提案する情報公開法の公開請求制度に倣った「中間的」な開示制度、すなわち開示理由を限定しない被告人側の開示請求を前提としつつ、請求証拠について原則開示を認め、検察官に例外的不開示の理由を明示させるという制度も、検討に値しよう。

(c) 類型証拠開示の拡大

類型証拠開示の対象拡大は、検察官側証拠の開示の拡大に直結し、被告人の防御権の保障の実質を左右する。これまで、類型証拠開示の対象となるかどうかが最も激しく争われてきたのは、捜査機関が作成した聞き込み捜査報告書である。[*13] これは、捜査官が被告人以外の人から聞き取った供述を記録した捜査報告書であって、原供述者の署名・押印のある供述調書ないし供述録取書（三二三条二項・三二一条一項）とは区別されるものである。

これまで、裁判例としては、聞き込み捜査報告書は、実質的に見れば「供述録取書」であり、原供述者の署名・押印がないことから、刑訴法三一六条の一五第一項第六号にいう「供述録取書等」（供述書、署名・押印のある供述録取書、録音・録画による供述記録をいう。二九〇条の三第一項）に該当しないとして、[*14] あるいは形式的に見れば捜査官「供述書」であって「供述録取書等」に該当するとしても、内容が供述者の原供述ではなく、他者の供述であることから、実質的に信用性が乏しく、開示の必要性が低いとして、[*15] 類型証拠開示の対象にならないとしたものが多い。法制審・特別部会においても、捜査機関所属の委員から、聞き込み捜査報告書の多くが抽象的な内容のものや、信用性に乏しいものにすぎないから、検察官請求証拠の証明力を判断するために開示する意味が小さいとする意見が示された。

他方、肯定する立場は、聞き取り捜査報告書は、捜査官の「供述書」として「供述録取書等」に該当するとした上で、内容が他者の供述であったとしても、被告人側が検察官請求証拠の証明力を判断し、証拠意見や同意の有無を検討し、弁護方針を立てるなど、防御の準備を進める上で重要な証拠となり得る場合があるから、類型証拠開示の対象とすべきだとする。公判において犯罪事実の認定の資料とすることはできなくとも、防御の準備のために重要な証拠となり得る以上、類型証拠開示の対象

＊12　大澤裕「証拠開示制度」法律時報八六巻一〇号（二〇一四年）五二頁参照。宇藤崇「証拠開示制度の拡充」刑事法ジャーナル四四号（二〇一五年）三六頁は、このような可能性を否定し、裁判所の裁定制度が利用されるべきとする。しかし、裁定制度（刑訴法三一六条の二六）は、当事者の開示請求を前提とした不開示の措置に対するものであって、効果的な防御の準備を保障するためには、そのために必要・重要な証拠の開示請求自体を保障する手続が用意されるべきであるから、証拠一覧表が開示請求の「手がかり」となることを確保するための措置が、裁定制度とは別に用意されるべきであろう。証拠一覧表の記載をめぐり混乱が生じる可能性が指摘されているが、開示請求の「円滑・迅速」性という点が強調されるあまり、証拠開示制度が目的とする効果的な防御準備の確保という点が疎かにされてはならない。

＊13　大善文男「公判前整理手続における証拠開示」松尾浩也＝岩瀬徹編『実例刑事訴訟法Ⅱ』（青林書院、二〇一二年）一一七頁参照。

＊14　那覇地決平成一九・二・二二LEX/DB25352583。

＊15　東京高決平成一八・一〇・一六判例時報一九四五号一六八頁。

とすべきだとするのである。この立場は、開示の弊害は、具体的な「相当性」判断において考慮すれば足り、また、爾後の主張関連証拠開示の対象となる可能性があったとしても、効果的な防御の準備のためには、より早期の開示が望ましいとする。

法制審・特別部会においては、捜査機関が供述を得たときでも、自らの立てたストーリーに沿わない供述については、あえて供述調書という形にすることなく、メモのような別の形で記録するにとどめる、あるいは被告人側の防御に有利な情報を含む供述が、供述調書にされないままに終わるという実務の現状が指摘された。むしろ、そのような供述こそが、検察官請求証拠の証明力を適切に判断し、効果的な防御の準備を進めるためには重要であろう。このような実務は、証拠開示の意義を半減しかねない。聞き取り捜査報告書を類型証拠開示の対象とすべきとの意見は、現実的必要に根ざしたものである。

今回の改正において、捜査機関側の反対意見に配慮してか、聞き取り捜査報告書は類型証拠開示の対象とされなかった。類型証拠の開示対象をめぐる最大の問題の決着は、先送りされたのである。もっとも、先送りされたからといっても、今回の改正が、現行規定の解釈として、聞き取り捜査報告書が類型証拠開示の対象にならないとする趣旨を含むものではない。

4 残された改革課題――再審請求手続における証拠開示

以上のように、起訴前における弁護権の保障については、逮捕段階での公的弁護制度の不在が決定的問題である。また、証拠開示制度については、公判前整理手続の請求権の実質が十分確保されるのか、新たな証拠一覧表の交付手続によって、被告人側の効果的な防御の準備にとって必要とされる証拠の確実な開示請求が保障されるのかには疑問が残る。捜査機関による聞き取り捜査報告書が類型証拠開示の対象となることを、改正法により明確に確認すべきであった。これらは、今回の改正法の限界であり、とりもなおさず、残された改革課題である。

再審請求手続における証拠開示制度が法制化されなかったことも、重大な問題である。[*16] この問題は、法制審・特別部会においても当初議論されていたが、審議の過程で法制化が見送られることとなった。「最終的な取りまとめ」においては、「今後の課題」として言及されたものの、賛否両論が併記されるにとどまった。法制化の方向性さえ示されなかったのである。

たしかに、充実した公判審理のための争点・証拠の整理を目的とする公判前整理手続の中での段階的開示という制度的枠組みを、通常手続とは目的・構造の異なる再審請求手続にそのまま適用することは困難であろう。しかし、無辜の救済という再審制度の目的の達成に向けて、請求人が提出した新証拠の明白性（四三五条六号）、すなわち新証拠が確定有罪判決に合理的な疑いを生じさせるかどうかを正確に判断するためには、十分な証拠開示が必要である。近時も、東電ＯＬ事件のように、新たに開示された証拠物のＤＮＡ鑑定が、確定有罪判決に合理的疑いを認めるにあたり、決定的役割を果たしたものもある。[*17] もともと、新証拠の明白性判断は、最高裁の白鳥・財田川両決定[*18]が判示したように、

＊16　斎藤司『公正な刑事手続と証拠開示請求権』（法律文化社、二〇一五年）三九一頁以下など参照。

確定有罪判決を支えた旧証拠の証明力の再評価を伴うものであるが、この再評価を正しく行うためには、証拠開示が決定的に重要である。このことは、袴田事件の再審開始決定が例証するところである。[*19]他方、罪証隠滅、証人威迫などの弊害が、通常手続における証拠開示を抑制する根拠として指摘されているところ、有罪確定後の再審請求手続においては、このような弊害は基本的に生じ得ない。

どれほど厳格な手続を践み、どれほど慎重な判断をしようとも、刑事裁判が誤判から完全に免れることは不可能である。ここにおいて、無辜の救済を目的とする再審制度の存在意義がある。現在、再審請求手続における証拠開示については、積極的姿勢をとる裁判所もあれば、消極的な裁判所も多いという。[*20]裁判所の姿勢によって、再審開始の現実的可能性が左右されることは、不合理である。再審制度を有効に機能させ、無辜の救済を徹底するために必要とされる証拠開示制度を、早急に法制化しなければならない。

（くずの・ひろゆき　一橋大学大学院法学研究科教授）

＊17　石田省三郎「再審請求審における『証拠開示』」世界八五七号（二〇一四年）一〇三頁参照。
＊18　最決昭和五〇・五・二〇刑集二九巻五号一七七頁、最決昭和五一・一〇・一二刑集三〇巻九号一六七三頁。
＊19　葛野・前掲＊1一四四頁以下参照。
＊20　「〈特別企画〉再審請求審における証拠開示の現状と課題」季刊刑事弁護八〇号（二〇一四年）参照。

5　証拠の一覧表交付制度の導入と弁護活動
――弁護活動の充実に向けて〈2〉

山本　了宣

改正刑訴法は、証拠の一覧表の交付の制度を定めた。本稿は証拠の一覧表交付制度を実務的な観点から論じるものである。はじめにこれまでの実務での証拠開示の実情を概観したのち、証拠の一覧表交付制度の仕組みを説明し、その意義と今後の課題について、順次述べていくことにする。

1　証拠開示を求めるというのはどんな作業なのか

証拠開示請求というと、読者はどんな場面を想像されるだろうか。刑事裁判における証拠開示の手続というのは、普通考える以上に窮屈なものかもしれない。

証拠開示請求において、弁護人は、検察官請求証拠の開示を受けたあと、検察官の手元にある証拠を想像しながら、可能な範囲で証拠を特定して、さらに理由を付して、その開示を請求するという作業をしなければならない。請求に対しても開示がなされるとは限らず、一部不開示といった対応がなされることもある。この作業を具体的にイメージするために、飲食店で料理を注文するという場面を考えてみよう（証拠一覧表交付制度導入前を想定して述べる）。

飲食店では普通メニューが準備されている。たとえば、親子丼八〇〇円とか、てんぷらそば九〇〇円とか書いてあって、そこに写真が添えてある。そして、店員に「親子丼一つ」と注文すると、その商品が提供される。非常に単純で分かりやすい。

証拠開示は、弁護人が検察官に請求をして初めて開示がなされるので、いわば検察レストランに証拠の「注文」をして、それを出してもらうようなものといえる。検察レストランとはこんなところである。入店すると、はじめに、自慢の料理がいくつか食卓に並べて提供される（検察官請求証拠）。弁護人はそれをじっくり観察することができる。しかしそこで店からのサービスはぱったりと途絶える。メニューはない。検察レストランには「自慢の料理」のほかに膨大な種類の料理が準備されているが、それが何かは教えてくれない。和食か洋食かも分からない。何種類あるかも分からない。

弁護人は「自慢の料理」を観察しながら考える。たとえば「ここで豆腐が使われているから、他に豆腐料理がたくさんあるのではないか」などと考える。そこで、「冷奴」と注文してみる（証拠開示請求）。そのときには理由が必要で、「この料理に豆腐が使われているが、その品質を確かめる必要があるから、他の豆腐料理も確認する」みたいなことを述べなければならない。検察レストランは、理由もチェックした上で、納得したら冷奴を出してくる（証拠開示）。しかし、そのままは出せませんなどといって、上に乗っていた生姜は省いたりする（一部不開示）。冷奴がない場合には、単に「ありません」とだけ答える（不存在）。こういう注文を繰り返して、弁護人はなんとか必要な料理を集めようとする。

証拠開示請求とは、いわば飲食店に行って、メニューも見ないで、色々と理由を付けながら、料理を注文するという作業である。証拠開示請求というのは、もどかしく、かつ、失敗しやすい作業である。うまくいく保証がない、必要な証拠を得られる保証がないと言い換えてもよい。証拠開示という手続は、刑事裁判の根幹をなす領域でありながら、弁護人の巧拙や検察官の対応いかんに大きく左右されるものとなっている。

実務上は、検察官の「任意開示」が広がっており、弁護人が請求をしないでも、一定量の証拠を検察官が自ら開示することが増えた。また、弁護人の側も方法論の蓄積などにより、ある程度「上手に」開示請求をできる者もいる。しかし、「うまくいく保証がない、必要な証拠を得られる保証がない」という根本的な問題が解決されているわけではない。

■類型証拠開示請求、主張関連証拠開示請求、任意開示

弁護人から検察官に対する証拠開示請求は、法律上、類型証拠開示請求（刑訴法三一六条の一五）、主張関連証拠開示請求（同三一六条の二〇）の二種類が規定される。

類型証拠開示請求は、検察官の証拠請求に対応させて行うものである。開示を求める証拠が一定の類型（例：証拠物、証人予定者の供述調書）に該当し、検察官請求証拠の「証明力を判断するために重要である」ことなどが要件となる。請求は複数回可能である。

類型証拠開示請求を終えたのちに、予定主張と呼ばれる弁護人側の主張を提出する手続がある。予定主張の提出後、当該予定主張に関連する証拠を、主張関連証拠として開示請求することができる。

前記の二種類の手続によらず、検察官が任意に証拠を開示することを、一般に「任意開示」と呼ぶ。

2　証拠の一覧表交付制度の概要

(1)　制度の概要

このたびの刑訴法改正で、証拠の一覧表の交付制度が新たに定められた。その実務上の意義を論じる前提として先に制度の概要を紹介することとする。

証拠の一覧表は、公判前整理手続（期日間整理手続も含むが、以下では単に「公判前整理手続」という）内に限り、被告人または弁護人が検察官に請求することによって、被告人または弁護人に対して交付される。請求時期は、検察官請求証拠の証拠開示が終わった後である。それ以外に要件は規定されない。自白事件であってもよく、重い罪で起訴されている必要もない（裁判員裁判以外の事件でも、争いのある事件が公判前整理手続に付されることは珍しくない）。

検察官請求証拠の証拠開示は、一般には公判前整理手続開始から一か月程度のうちにはなされるので、簡単にいえば、公判前整理手続に付されてさえいれば、手続開始後速やかに証拠の一覧表の交付を請求できることとなる。検察官が一覧表の交付後に新たに証拠を収集した場合は、その一覧表も交付される（刑訴法三一六条の一四第五項）。

一覧表の交付に続いて、従来と同様、類型証拠開示請求、主張関連証拠開示請求の手続が行われる。

(2)　一覧表とはどのようなものか

では、ここで交付される「一覧表」とは一体どのようなものだろうか。まず条文の規定を確認してみよう。

【条文】

刑訴法三一六条の一四

第三項　前項の一覧表には、次の各号に掲げる証拠の区分に応じ、証拠ごとに、当該各号に定める事項を記載しなければならない。

一　証拠物
　品名及び数量

二　供述を録取した書面で供述者の署名又は押印のあるもの
　当該書面の標目、作成の年月日及び供述者の氏名

三　証拠書類（前号に掲げるものを除く。）
　当該証拠書類の標目、作成の年月日及び作成者の氏名

ここで、前記の規定に基づいた一覧表のサンプルも先に示しておく（平成二八年一二月現在の実務運用に基づくもの）。

前記の条文の規定をかみ砕いていうと、「一覧表」に掲載される証拠は、証拠物（一号）と証拠書類（同項二号、三号）に大きく分けることができる。現在の運用では、前者と後者で別の様式が用い

【サンプル：書類】

番号	標目	作成年月日	供述者又は作成者の氏名
1	供述調書	H28.6.1	甲野太郎
2	供述調書	H28.6.3	甲野太郎
3	供述調書	H28.5.29	乙川次郎
4	供述調書	H26.8.9	乙川次郎
5	実況見分調書	H28.6.9	（警察官名）
6	写真撮影報告書	H28.6.8	（警察官名）
7	鑑定嘱託書	H28.6.1	（警察官名）
8	鑑定書	H28.6.10	（医師名）
9	捜査報告書	H28.6.3	（警察官名）
10	捜査報告書	H28.6.3	（警察官名）
11	捜査報告書	H28.6.7	（警察官名）
12	捜査報告書	H28.7.10	（警察官名）
13	任意提出書	H28.6.5	（提出者名）
14	領置調書	H28.6.5	（警察官名）
15	所有権放棄書	H28.6.5	（提出者名）
16	捜査関係事項照会書	H28.6.6	（警察官名）
17	回答書	H28.6.11	○○市長

【サンプル：物】

番号	品名	数量
1	USB メモリ（街頭防犯カメラ映像が記録されたもの）	1本
2	黒色ポーチ	1枚
3	アンケート用紙（A4片面のもの）	2枚
4	傍受記録（媒体番号1、DVD-RAM）	1枚

られている。

証拠物については、作成日や作成者というものを考えにくいので、品名および数量のみが記載されることとなる。

証拠書類については、「供述を録取した書面で供述者の署名又は押印のあるもの」（以下、「供述録取書面」という）と、それ以外のもの（以下、「三号文書」という）に分けられている。供述録取書面は、いわゆる供述調書であると考えておいて差し支えない（サンプル1～4番）。三号文書はそれ以外の書類である。たとえば実況見分調書、鑑定書、捜査報告書、関係機関への照会書・回答書などがこれに当たる（サンプル5～17番）。

二号に「署名又は押印のあるもの」という限定がある。これは、捜査官が本人の話を書き留めた文書であっても、本人から確認の署名や押印を得ていない場合は、二号の文書とならない（三号文書となる）ことを意味している。実務上、捜査官が参考人から話を聞いたものの、供述調書の作成までは行わず、捜査報告書として聴取内容を記録しておくということが行われるが、このような捜査報告書は三号文書となる。

供述録取書面であれば、一覧表に供述者の氏名が記載されるため、当該証拠が誰の供述を記載しているかを把握できることになる。他方、三号文書となると、それが誰かの供述を記録したものであったとしても、その供述者の氏名は、一覧表に表れないことになる。たとえばサンプル11番の証拠が甲野太郎の供述を記載したものだとしても、記載されるのは報告書を作成した捜査官の氏名であり、甲野太郎の名前は書かれない。

3　証拠の一覧表の効用とその限界

法律上義務とされるのは、前記のサンプルのようなものと考えてもらって差し支えない。検察官はこれを弁護人に交付すれば義務を果たしたことになる。ではこの一覧表には、実際にどの程度の効果があるだろうか。

(1)　利　点

まず利点を考えてみたい。一覧表には検察官手持ち証拠が全部並んでいる。これによって、たとえば「検察官の手持ち証拠は合計一〇〇〇点である。そのうちの、三〇〇点が開示された。開示済みのものはNo○であり、未開示のものはNo□である」ということが分かるようになった。これまでは、三〇〇点の証拠の開示を受けたときに、その証拠が四〇〇点のうちの三〇〇点なのか、それとも、二〇〇〇点のうちの三〇〇点なのかは分からなかった。一覧表によって、検察官手持ち証拠の総体という、いわば外枠が見えるようになったといえる。そして、未開示の証拠が、どういう標目のものであるかは特定できるようになった。

(2) 限界

一方、限界もある。ここで試みに、法律の定める一覧表を、メニュー風に表現してみよう。値段は日付、シェフが作成者のイメージである。丼ものとあるのは供述調書のイメージとなる（素材（供述者）だけは分かる）。このメニューで注文ができるだろうか。「一品」など、全く手がかりにならないといって過言でない。証拠の一覧表もこれと同じ問題をはらんでいるのである。

第一に指摘しなければならないのは、証拠の一覧表を見ても、証拠の中身は分からないということであろう。たとえば実況見分調書と書かれていても、それがどこの場所の実況見分なのかが分からない。鑑定書と書いてあっても、何を鑑定したものなのか分からない。

丼もの（カツ）	600円	
丼もの（カツ）	650円	
丼もの（卵）	800円	
丼もの（天ぷら）	800円	
麺類	800円	シェフA
麺類	900円	シェフA
麺類	700円	シェフB
肉料理	1000円	シェフC
肉料理	900円	シェフB
一品	300円	シェフD
一品	280円	シェフD
一品	900円	シェフA
一品	600円	シェフA
一品	700円	シェフE
一品	500円	シェフB

一般に、文書というものには、その外形に関する情報と、内容に関する情報があるといえよう。外形に関する情報とは、たとえば書籍であればタイトル、著者、出版年、出版社であり、内容に関する情報とはその書籍のテーマや要旨である。この区別でいえば、証拠の標目に記載されているのは、すべて証拠の外形的な情報（標目、作成者、作成日）なのである。内容に関しては、その捜査対象物がなんであるかということさえ記載されず、手がかりはないに等しい。

さらに、実務上、捜査書類のうちのかなりの割合を、「捜査報告書」と呼ばれるものが占めている。捜査報告書は、現場写真を添付したものや、証拠物を分析したもの、供述を記載したものなど、多種多様である。すると、たとえば目録五枚にわたって標目がすべて「捜査報告書」と書かれているが、その中身は全く分からないというようなことが起こりうる。前記の「メニュー」にある「一品」がまさにそのイメージである。

第二として、証拠の一覧表は、類型証拠開示請求・主張関連証拠開示請求への活用が困難であるという点を指摘できる。

類型証拠開示請求であれば、開示を求める証拠を特定することに加えて、その証拠が①いかなる類型に該当するか、②開示を必要とする理由（特定の検察官証拠の証明力を判断するために重要であること等）を主張しなければならない。たとえば証拠開示請求書に以下のような記載をする必要がある。

開示を求める証拠：現場Aについての検証調書、実況見分調書、写真撮影報告書等

類型：三号

理由：検察官は甲一〇号証で、現場Aの状況を証明しようとするから、その証明力判断のために、現場Aに関する他の検証調書等の開示を受ける必要がある。

目録を使ってこのような開示請求ができるかという問題がある。たとえば一覧表に、「１２００番：検証調書」というだけの記載があって、その開示を受けたいと思ったとする。

「検証調書」であるから類型三号に当たるということは確かにわかる。しかし、それがどんな現場や証拠物を検証したかはわからないので、弁護人は、1200番の証拠がどの検察官請求証拠に関連するかということを指摘できない。上の記載例でいえば、「検察官は甲一〇号証で、現場Aの状況を証明しようとするから」という部分は書きようがない。

また、「1500番：捜査報告書」というだけの記載があったとする。これは内容次第で類型に該当したり、主張関連証拠に該当したりする可能性はあるが、中身がわからない以上、弁護人はその1500番が類型に該当しているとか、主張に関連しているということをいいようがない。

以上のように、目録の記載だけでは、現行法の証拠開示の要件に当たる事項が判断できないので、弁護人は法定の証拠開示の要件を主張できないのである。

第三に、記載されない証拠があることである。目録に記載義務があるのは、検察官が保管する証拠書類と証拠物である。「検察官保管」という点と、「証拠書類」という点にポイントがある。

まず、検察官が保管するという限定がある以上、警察署で保管されている証拠（送致されていない証拠）は目録に記載されないことになる。さらに、被害者に還付済みの証拠物や、鑑定人が保管するメモなどは、検察官が証拠開示義務を負う場合があり得ると解されるが、目録への記載義務はない。

また、「証拠書類」との規定は、正式な書面になっていないものを除外する趣旨として運用されるであろう。たとえば、検察官・警察官作成の取調べメモ（警察官について犯罪捜査規範一三条参照）は、おそらく目録には記載されないであろう。

(3) 評　価

以上のように見てくると、証拠の一覧表は、確かに捜査機関の保管する証拠の全体像を一定程度明らかにするものであるが、証拠の内容は明らかにならないという根本的な問題点を抱えている。そのため、類型証拠開示請求・主張関連証拠開示請求への活用には壁がある。そして、一覧表に記載されない証拠もあるので、完全な全体図ともいえない。

4　証拠の一覧表の意義と実務上の課題

条文の要求する最低水準に従って運用されるとすれば、証拠一覧表の効果は前記のようなものとなる。これを踏まえて今後の実務上の課題を検討したい。

まず弁護人は、証拠一覧表の前記のような性質と限界をよく理解した上で弁護活動を行うことが必要であろう。ここで方法を詳しく述べることはできないが、証拠開示請求自体は従来と同じやり方で手抜かりなく行い、一覧表は確認的に利用するのが安全なやり方であると考えられる。特に、検察官からの任意開示と一覧表に頼りきってしまい、必要な証拠を自分で判断して開示請求する力を失うということがあってはならない。

検察官に対しては、証拠一覧表に、証拠の概要を付記する運用を期待したい。証拠一覧表に概要が付記されることで、類型証拠開示・主張関連証拠開示請求の手がかりともなり、証拠開示請求権を実質化することができる。せいぜい五文字から一〇文字程度の記載でも相当役に立つ。捜査対象（例：

撮影対象、鑑定対象など）を記載するだけでも役に立つ。従来の実務でも、証拠開示通知書に、当該証拠の概要が付記される場合があったので、不可能なこととは考えられない。概要の付記は、検察官自身が証拠の開示状況を把握するためにも活用されているものと思われる。また、弁護人が一覧表上で証拠を特定し、その内容を明らかにするよう検察官に求めた場合にも、柔軟な対応がなされることが望ましい。

さらに、検察官には、弁護人が証拠一覧表上で証拠を特定して証拠開示請求をした場合に、これをできるだけ任意に開示するという運用を期待したい。概要の付記とあわせて運用されることで、証拠開示の充実化・円滑可が期待できる。

裁判所には、前記の証拠一覧表の限界を踏まえた訴訟指揮を期待したい。たとえば、弁護人が一覧表上の特定の証拠の内容を知ろうとしたときに、裁判所が検察官に対して、当該証拠の内容を明らかにするよう求釈明を行うなどの訴訟指揮が考えられる。これによって、証拠開示の手続は円滑となるものと考えられる。

ところで証拠開示請求と情報公開請求には類似する面があるが、情報公開法二二条は「開示請求をしようとする者が容易かつ的確に開示請求をすることができるよう……行政文書の特定に資する情報の提供その他開示請求をしようとする者の利便を考慮した適切な措置を講ずる」ことを行政機関に求めている。文書を見られない状態で文書を開示請求することにはもともと困難が伴うのであるから、開示請求権の実効化のために、文書の保有者は請求者に適切に情報提供すべしとの思想がここに読み取れる。刑訴法が証拠開示請求権を規定する以上、その請求が容易かつ的確になされるよう、証拠の保有者である検察官が、請求者である弁護人に一定の情報提供を行うことは、当然の義務に属するとは考えられないだろうか。当事者間の求釈明や裁判所の訴訟指揮を通じて、この情報提供を実現する道が模索されてよいはずである。

冒頭に述べたように、現状の証拠開示は不安定な手続である。裁判所が適正な事実認定を行うためには、十分な証拠が法廷に提出される必要がある。証拠開示が不安定であるということは、裁判所に提出される証拠が不十分なものとなりやすいということであり、誤判の危険も高まらざるを得ない。ここに記載したような運用がなされれば、証拠開示の手続は以前よりもはるかに安定したものとなることが期待でき、誤判の危険も少なくなる。これは大いに公益にかなうことである。

5　立法論も含めた課題

(1)　犯罪捜査の記録に関する法律の制定

ところで、ここまで述べたことについて、捜査機関はどのように証拠管理をしているのかという疑問をお持ちにならなかっただろうか。証拠の管理というのは、行政機関の文書管理の一場面である。一般の行政機関については、公文書管理法という法律が、文書管理の方法を規制している。しかし捜査機関には公文書管理法の適用がなく、それ以外にも捜査機関の文書管理を規制する法律は存在しない。証拠物や証拠書類の重要性に照らして、遺憾な事態というべきであろう。

本来は、公判段階で証拠の一覧表を弁護人に交付するという限られた文脈だけを考えるのではなく、捜査機関の証拠管理全体を法的に規制すべきであると考えられる。警察捜査の段階から、概要も付記した証拠の目録を随時作成することで、証拠の管理を適正に行い、紛失防止等にも役立てる。そして、作成された目録は検察官に引き継ぎ、検察官が新たに証拠を取得した場合には、目録への追記を行う。さらにその目録を利用して、弁護人に対する証拠の一覧表の交付を実施する。証拠の一覧表制度は、本来前記のような形で統一的に構想されることが望ましいものといえる。なお、日弁連は、二〇一四年五月八日付で、「犯罪捜査の記録に関する法律の制定を求める意見書」（日弁連ウェブサイト掲載）を発表している。

(2) 証拠開示制度の見直し

証拠開示制度全体を考えると、立法論として、いわゆる全面開示が検討されるべきである。検察官が事前にすべての証拠を一括して開示するという制度がこれまで議論されてきた。

ただ、筆者はもう少し中間的なものもあり得ると思っている。弁護人の請求を要件にして、原則開示をさせるというやり方である。すなわち、開示の仕組みを作る場合に、原則開示という前提に立つか、原則不開示という前提に立つかという大きな分かれ道がある。現在の刑事訴訟法は、法定の理由が認められて初めて開示されるので、原則不開示の形といえる。これに対して、情報公開法は、開示請求に理由は必要なく（単に文書を特定するだけでよい）、不開示とする場合に行政機関側が理由を主張しなければならない。これが原則開示の形である。

証拠開示も、情報公開法のような原則開示型の建て付けをとれば、問題のかなりの部分が解消される。現在のように開示理由を法定するのではなく、不開示理由を法定しておいて、不開示理由に当たらない限り、なんらの理由を要さず開示をさせるということである。開示請求するためには証拠を特定するだけでよいので、証拠目録とも相性がよい。筆者の感覚では、この形をとるだけでも、証拠開示の不安定は相当解消される。

■「概要」や「求釈明」はどこまで有効か

目録には概要の記載が必要であるという議論や、内容に関する求釈明が重要だという議論がある。本稿でもそれを論じた。

ただこの議論には注意すべき点がある。それは、概要の記載や内容の求釈明が、証拠開示に関する問題を一気に解決するものではないということである。

「概要」というのは、元の文書の主題等を短く記載したものである。そこでは省かれる情報が当然あるし、記載が適切でないこともあり得る。

弁護人が概要の記載を見ることによって、「この証拠は関係がある」と判断する分にはよい。しかしその逆に、「関係が無い」という判断をすると、間違う危険が常にある。逆説的だが、「関係が無い」ということは、開示を受けてみて初めて判断できるのである。

「求釈明をした上で、証拠の関係性を確認し、それから開示請求をする」というやり方が説かれることがあるが、この方法も、関係ある証拠を関係無いと判断してしまうリスクがあるし、迂遠でもある。むしろ、「弁護側は、関係があるか無いかわからない証拠については、理由を付さずに開示請求する」「検察官は開示できない理由が無い限り開示する」という形の方が、証拠開示の在り方としてはずっと望ましい。目録を利用した証拠開示の到達点は、「目録上で弁護人が理由を付さずに特定した証拠を、検察官が原則として開示する」ことであると考えるべきではないだろうか。

（やまもと・りょうせん　弁護士）

III

新たな捜査手法の導入

——改正内容の検証〈2〉

6 司法取引の導入と日本社会
――新たなえん罪は防げるか

岩田 研二郎

1 捜査協力型合意制度の概要

(1) 捜査協力型合意制度の概要

改正法が導入した捜査協力型合意制度とはどのような制度か。これは検察官と被疑者・被告人（以下、「被疑者等」という）が特定の財政経済犯罪と薬物銃器犯罪について、弁護人が同意すれば、被疑者が他人の刑事事件の解明に資する協力（参考人供述調書の作成、証拠収集への協力など）を行うことを約束し、検察官が、被疑者・被告人の協力に対して、その被疑者の刑事事件の処理において不起訴処分など有利な処分や軽い求刑をするなどの恩典を与えることを合意できる制度であり、いわゆる「司法取引」である。

なお、司法取引には、自己の犯罪の解明への協力と恩典付与の取引という自己負罪型の司法取引と、前記の他人の刑事事件の解明に協力する捜査協力型司法取引（これは共犯密告型と他人密告型に分かれる）がある。前者の自己負罪型司法取引は、法制審議会特別部会では審議の対象とされたが、部会とりまとめにおいては除外され導入されなかった。

また、これらとは別に改正法が導入した刑事免責制度は、証言拒絶権に関して、その証言が証人に不利益な証拠として使用されることを禁止することと引き換えに、証言拒絶権を失わせ、証言を強制するもので、司法取引と同様に、捜査機関にとっての新たな供述証拠の収集手段の一つではあるが、捜査機関の行為により一方的に発動され、証人にはその諾否（取引）の自由がない点で、司法取引ではないとされている。

(2) 協議の手続

それでは協議や合意はどのように進めていくのだろうか。

検察官は、被疑者等が他人の刑事事件に関する情報を知っていると思われる場合、証拠収集に協力を求めるために、被疑者等に取引を持ちかける。合意に至る前のこの協議は、検察官、被疑者等・弁護人の三者で行われる。検察官が弁護人を抜いて被疑者等とだけで協議をすることは許されていないが、協議に至る弁護人のいない取調べの過程で、利益誘導的な示唆がされる可能性は否定できない。

検察官は、協議の席で、被疑者等に対して、他人の刑事事件についてどのような情報、証拠について知っているかについて供述を求め、聴取することができる。

被疑者等が協力する内容は、捜査官の取調べや公判で証人として尋問されるときに協議で述べた真実の供述をすること、証拠についての情報を教えるなど証拠収集に関して協力をすることである。

検察官が協力の見返りに与える恩典は、検察官の訴追裁量権で行える被疑者等の事件の不起訴処分、公判請求せず略式罰金手続とすること、軽い罪名での起訴（重い罪名は不起訴）のほか、公判における軽い求刑意見などである。

(3) 合意の手続

検察官と被疑者等の協力に関する合意には、弁護人の同意も必要とされている。被疑者等に弁護人がいないときは合意はできない。

合意の方式は、合意内容書面を作成し、検察官、被疑者等、弁護人が連署することによって合意が成立する。

(4) 合意後の手続

被疑者等は、捜査官の取調べに対して供述調書を作成したり、証拠に関する情報提供を行うことになる。他人の刑事事件で供述証書が証拠申請されたり、その被疑者等が証人として採用されるときは、検察官はそれが捜査協力合意により作成されたことを明らかにする必要があり、合意内容書面を証拠請求する義務がある。

また合意した被疑者等が起訴されたときは、その公判に、合意内容書面の取調べ請求をしなければならない。

2　日本型司法取引の特徴

今回導入された制度は日本独自の特徴があるといわれているが、どのような特徴を持っているだろうか。

(1)　対象犯罪の限定

制度が適用されるのは、他人の事件（標的事件という）ならびに協力する被疑者等の事件（合意事件という）のいずれもが法律で規定する対象犯罪に該当する場合に限られ、具体的には①汚職罪、文書偽造罪、詐欺恐喝罪、横領罪など、②財政経済犯罪（税法、独占禁止法、金融商品取引法等の違反）、③薬物銃器犯罪（爆発物取締罰則、覚せい剤取締法、麻薬及び向精神薬取締法、銃刀法等の違反）であることを要する。

相互の事件が関連性を持つことは要件とされていないが、国会審議において、検察官が合意をする際の考慮事情として「当該関係する犯罪の関連性の程度」が付加される法文の修正が行われた。

対象犯罪を定めるにあたり、司法取引になじまないものとして、被害者のいる犯罪や死刑または無期の懲役もしくは禁錮に当たる重い犯罪は除外された。

(2) 警察の積極的関与

検察官は、司法警察員から送致された事件では、捜査を担当する警察と事前に協議をしてから被疑者等との協議を行うものとされており、また協議は、検察官が警察官に授権したときは、警察官も、検察官に代わって行うことができるとしている。この警察の関与は、法制審議会特別部会で警察出身委員から強く求められたものである。

(3) 取調べの録音録画義務はなし

改正法では、取調べの一部（裁判員裁判対象事件と検察官独自捜査事件）の録音録画義務制度が導入されたが、取調べではないとされる「協議」の場面は録音録画されないし、本制度の対象犯罪の大半は録音録画義務の対象犯罪でないために、それらの取調べも録音録画がされない可能性が高い。そうすると、他人の事件（標的事件）の弁護人は、その供述の作られていく過程を検証することができず、その供述の信用性を争うことが難しくなる。

3　制度導入の可否に現れた検察・警察、裁判所、弁護士の立場と意見

この制度は、証拠収集手段の多様化のために検察と警察が強く求めた制度であるが、実務家三者は、この制度をどのように評価しているだろうか。

法制審議会特別部会の実務家委員や国会審議の際の法務委員会での実務家参考人意見などで具体的

に述べられており、この制度の問題点がわかりやすく浮かび上がるので、要旨を紹介する（敬称略）。

(1)　導入を求めた捜査側の理由

(a)　従来の説得型取調べによる自白獲得の困難

被疑者国選弁護制度の拡充や黙秘権行使などにより、被疑者が犯罪事実を正直に供述しないことが増加し、従来型の説得型の取調べでは関係者の供述を得ることが困難になっていることが最大の理由である。

高井康行（元検察官）は、「被疑者や関係者を説得して真実の供述を得ることが非常に難しくなっているにもかかわらず、依然として供述を得る手段としては説得しかないという状況が、無理な説得行為あるいは強引な取調べの一因になっていた。抜本的には、供述によらなくても犯人識別や共謀関係を特定、立証できるような実体法の改正を含めた新たな手立てを講じるべきときが来ているが、現時点でそれをそのまま実行するということは無理なので、無理な説得行為、強引な取り調べを排しつつ、罰すべきは罰して正義を実現するためには、少なくとも説得にかわる手段の導入は不可欠。合意制度は、従来の説得にかわるもの、補完するものとして有益で、捜査全体における説得を伴う取り調べの比重を低減できるし、困難になっている違法薬物の流通経路あるいは犯罪組織の全容の解明が可能になる。」と述べている（第一八九国会衆議院法務委員会〔二〇一五・七・一〕）。

また、郷原信郎（元検察官）も、「従来は相当取り調べのやり方に問題があった。情理を尽くした説得というのが、とりわけ経済事件、政治関連事件などでそんなに簡単にできるものではない。現状は無茶な取り調べはできなくなったし、検察官の取調べに関しては、昔とは全く環境が違って、弁護人が行けば無制限に接見も可能で、被疑者を励ますこともできる。今の検察官にとっては、自白をとれと言われてもなかなか無理だろう。」と述べている（同）。

(b) 組織犯罪の解明における有用性

談合罪など企業犯罪などでは、主犯たる責任者の処罰のために指示で動いた部下や社員を免罪して供述を獲得する合理性があるし、その他の組織犯罪でも有用性があるとされる。

露木康浩（警察庁刑事局刑事企画課長）は、「供述証拠の確保が非常に難しくなっているという現状に対処して、供述証拠の収集手段を多様化することで組織犯罪や財政経済事件における巨悪の剔抉につなげるという制度の狙い自体は、警察も同じ捜査機関として共感できる。制度の実効性確保の点では、特に暴力団犯罪などにこの制度を適用するという場合には証人保護プログラムの導入が必要不可欠であり、その検討を速やかに進めるべき。」と述べている（法制審議会特別部会第二五回〔二〇一四・三・七〕）。

郷原信郎（元検察官）は、「企業犯罪等について、企業の自主的な内部調査で問題を発見し、事実を解明するインセンティブを与えることに関して、企業の内部調査の結果に基づいて、他人や他社の刑事事件について情報を提供するという捜査協力を刑事事件の捜査、処理において評価することは非常に重要だ。そういう意味で、企業のコンプライアンス対応としての内部調査の一層の促進につながる。」と述べている（第一八九国会衆議院法務委員会〔二〇一五・七・一〕）。

(c)　客観的証拠の収集の端緒

捜査協力合意で被疑者から得た情報から他人の事件の客観的証拠を探し出すことで、自白や供述に依存しない捜査ができる。捜査協力合意で得た供述も、必ず裏付け捜査をして客観的証拠を収集することになり、供述だけで有罪証拠にはしない。供述だけで他人の犯罪事実について有罪と認定するということはこの協議・合意制度は想定していない。

実際の使われ方について、高井康行（元検察官）は、「合意による供述で必ず第三者を起訴することは義務づけられておらず、起訴するかどうかは検察官の裁量。最も使えるのは、覚せい剤の自己使用で逮捕した被疑者から捜査協力合意で、譲渡人に関する情報を得て、その譲渡人を尾行張り込みなどして捜査対象としてマークし、所持などの現行犯で逮捕して検挙すれば、情報提供者の供述調書を証拠請求する必要はなく、情報提供者も仕返しを食らうこともない。センスのいい検察官であれば、非常に使い勝手のいい制度だ。」（第一八九国会衆議院法務委員会〔二〇一五・七・一〕）と述べている。

ただし、情報収集目的の合意については、衆議院法務委員会において、法務省の林真琴刑事局長は「検察官は、合意をする場合には、これに基づき被疑者、被告人の事件について有利な取り扱いをすることになるので、他人の特定の事件の解明に直接役立てる目的ではなく、単に一般的な情報収集にとどめるような前提で合意制度を利用することは、この合意制度の典型的な利用のあり方として想定しているものではない。」と答弁している。

(2) 制度導入に反対した裁判所の反対理由

(a) 供述の信用性

利益や恩典と取引された供述は、そもそも信用性が乏しく、それによる引き込み供述の信用性は、裁判実務では、類型的に警戒すべきものとされている。

今崎幸彦（最高裁事務総局刑事局長）は、協議・合意制度によって「犯罪を行った」と指差される側の立場の人との関係について、「その他人の裁判を運営する裁判所にとっては、協議・合意によって利益を得た人が証人として裁判に現れてくるが、通常証言の信用性を判断するに当たり、供述者にその証言をすることで何らかの利益があるかどうかという点は、裁判所が一番興味を持つ部分である。つまり、何らかの証言によって何らかの利益があれば、その証言をすることについての一定の留保、疑いを持つという関係にある。ところで、この種の引っ張り込み供述とか引込み供述は第三者に罪を負わせる内容の供述で、供述者が通常第三者にそういう形で罪を負わせることについて何らかの利益があると考えられる。例えば、共犯者の中で自分の地位が低くなることによって相対的に罪が軽くなるなどの利益を期待して行われる可能性がある。そういう意味で、裁判実務では、類型的にこの種の供述は警戒すべきものと考えられてきた。この制度は、供述者にそういった利益をシステムとして与えるものになるが、虚偽供述に対する刑事罰があることで偽証を思いとどまるかについては、実際には疑問であり、実効性としてはいささか足りない。」と述べている（法制審議会特別部会第二八回〔二〇一四・六・一二〕）。

(b)　信用性担保の制度の欠如

改正法による制度には、取引された供述の信用性を補強し、担保する制度的な裏付けが用意されていない。

裁判所は、その証人の信用性には、最初から少なくともある種の疑問符や留保というものを持ってその証言を聞く。こういう制度ができたからといって何か特別扱いされるわけではなくて、通常の証人と同じようにその証言の供述の信用性については慎重に判断される。

(c)　取引と裁判官への拘束

取引した供述者の利益が裁判官の判断によるものである場合は、裁判所はその取引には拘束されないので、その利益は確実なものではない。

今崎幸彦（最高裁事務総局刑事局長）は、「検察官が真相解明への貢献度が高いとして通常の量刑より低い求刑をしたとした場合に、裁判所が同じベースで量刑をするとは限らない。証拠調べの結果、本人の行為責任が重くて真相解明への貢献度を差し引いても検察官の求刑は軽すぎると考えた場合には、それに応じた量刑をするということは十分あり得るわけで、その結果として合意した本人にしてみると、後で制度への期待を裏切られたということになる。」と述べている（法制審議会特別部会第二八回〔二〇一四・六・二三〕）。

龍岡資晃（元福岡高等裁判所長官）も、「検察官が合意できる行為として、「即決裁判手続の申立てをすること」、「略式命令の請求をすること」、「求刑において特定の科刑意見を述べること」が挙げられているが、量刑は裁判官が犯罪事実のほか、諸般の情状を総合的に考慮、斟酌して裁量により判断するものであるし、即決裁判手続や略式命令請求は、裁判官が相当でないと判断すれば、通常手続により審判を行うことになるので、このような事項についての合意には、実効性がない。」と述べている（法制審議会特別部会第二五回〔二〇一四・三・七〕）。

(3) 弁護士の反対理由

(a) 合意事件の被疑者の弁護人の立場

合意事件の被疑者の弁護人となった弁護士は、取引への参加を求められるが、他人の事件はもちろん当該被疑者の事件の捜査資料にもアクセスできない段階で、被疑者の供述の裏付けを検討することもできず、責任をもって協議に参加できない。

今村核（弁護士）は、「被疑者段階は証拠は一つもないですから、被疑者が取引をしようとしても、真相は何か、そのときに弁護人の調査ぐらいではわからない。被告人段階でも証拠開示は限られていますから、わかりませんので、弁護人が同意することだけでは歯どめにならない。」と述べている（第一八九国会衆議院法務委員会〔二〇一五・七・一〕）。

(b) 後戻りできない被疑者・被告人

被疑者がもし虚偽を述べて合意していた場合は、他人の事件の公判で真実を述べれば虚偽供述罪に問われ、やむなくそのまま供述を維持すれば偽証罪に問われるという、後戻りできない法的リスクを被疑者に負わせることになるが、それについて責任を持って助言できない。

郵便不正事件では、虚偽の供述をした部下や上司が公判では真実の証言をしたが、この制度においいて取引をした被疑者は真実を話せば捜査官への虚偽供述罪に問われるので、公判で真実を証言できなくなる。

(c)　取引への非協力に対する被疑者からの懲戒請求

被疑者が取引を求めているのに、弁護人が責任を持てないとして協議への参加や合意を拒否したとき、被疑者から誠実義務違反として懲戒請求を受ける危険がある。

(d)　えん罪発生の危険

被疑者が取引により虚偽供述をしたときは、新たなえん罪の発生に手を貸すおそれがある。

(e)　証人テストの許容下における反対尋問の困難

虚偽供述をされた他人にとって、検察官による証人テストで事前に固められた証言は、反対尋問で崩すことも難しく、えん罪の原因となりかねない。

裏付け捜査をするといっても、単独で証明力のある客観的証拠が発見されればともかく、その供述と矛盾しない程度の客観的証拠を集めることで有罪立証には使えるので、危険である。

今村核（弁護士）は、「弁護人も基本的に矛盾した立場に置かれる。自分の被疑者の利益を最大限守らなきゃいけないが、社会正義に反することはしてはならない、ましてや、嘘の供述で他人を巻き込んで冤罪に陥らせることはさせてはいけない、しかし判断材料は不十分で、板挟みになっていて、身動きがつかない。」と述べている（第一八九国会衆議院法務委員会〔二〇一五・七・一〕）。

小坂井久（弁護士）も、「弁護人は、自分の依頼者に対して誠実義務を尽くす立場で、元より引込み供述をされる他人に対するロイヤリティは何もないので、歯止めにならないし、虚偽供述の罰則も歯止めにならない。引き込まれた被告人の裁判において反対尋問を十分やれば良いではないかといわれるが、それほど容易なものではない。少なくとも導入するにあたっても協議や取調べの録音録画の義務付けが不可欠。」と述べている（法制審議会特別部会第二八回〔二〇一四・六・二三〕）。

郷原信郎（元検察官）は、特に、検察官の証人テストの危険については、美濃加茂市長事件の弁護の経験から、次のとおり述べているが、これは供述の信用性担保のために重要な指摘である。

「合意供述という非常に怪しげな供述が証人テストで塗り固められると、これは恐らく、裁判官もなかなか見破ることができないように信用性の外形がつくられてしまう。」「従来、検察官が行ってきた証人テストの多くは、記憶喚起と効率的な証人尋問のためという範囲を大きく逸脱し、検察官請求の重要証人については、多数回、長時間にわたる証人テストを行って、証言内容を入念に打ち合わせ、場合によっては証人尋問のリハーサルまで行って、証言内容を徹底的に覚え込ませるということが行われてきた。」「自白調書はそのまま公判で証拠になるが、参考人や関係者の供述が不同意になれば、証人に徹底的に調書の内容を覚え込ませて証言させ、実質的に調書中心主義が実現してきた。」「協議・合意制度のもとで、合意に基づいて他人の刑事事件に関する供述が行われ、その供述に基づいて他人の刑事事件が起訴された場合、検察官と供述者とは、その刑事裁判の証人尋問に関して完全に利害が一致する。供述者の証言の信用性が裁判所に否定されれば、検察官にとっては大変な事態になる。一方、供述者にとっては、合意に基づく供述の信用性が裁判所で否定されると、虚偽供述の制裁を受けるおそれがあるので、両者は完全に利害が一致する。」と公判や反対尋問で真実が明らかにならない危険を指摘し、証人テストを原則として禁止すべきと提言している（第一八九国会衆議院法務委員会

〔二〇一五・七・二〕)。

(f) 闇の司法取引によるえん罪

司法取引が制度として認められると、従来から事実上行われていたことが疑われている闇の取引にも捜査官がためらいを持たなくなるおそれがあり、新たなえん罪を作り出す取引が拡大するおそれがある。

今村核(弁護士)は、現実に司法取引が行われ、えん罪が作り出された、またはその危険のあった事件を挙げて、「闇の司法取引」があったとし、えん罪の危険を指摘する(今村核ほか編著『日本版「司法取引」を問う』旬報社、二〇一五年)。例えば、引野口事件(二〇〇八年無罪判決)は、代用監獄で同房とされた者が、実刑を免れたいとの動機から捜査官と取引をして、「犯行告白を聞いた」と供述し、法廷でもそのような証言をしたが、信用性がないと判断された事件である。

刑訴法改正の契機となった郵便不正事件(二〇一〇年無罪判決)で、村木厚子課長への指示を供述した上司(部長)が不起訴となっている経緯なども司法取引の疑いを生じさせる。

美濃加茂市長事件(二〇一五年無罪判決〔なお、二〇一六年控訴審では有罪判決〕)も、市長に贈賄をしたと供述した者が、その者が被疑者として取り調べられている詐欺事件で起訴の被害金額を大幅に減額されるなどの検察官の便宜が図られた疑いがあり、闇の司法取引がなされたと弁護側から指摘されている事件である。

(4) 現場警察官の指摘

すでに警察の捜査現場で行われている「司法取引」の例を挙げて、その危険性を指摘する現場捜査官の経験のある元警察幹部の声も法務委員会で出された。

原田宏二（元北海道警察釧路方面本部長）は、「過去にも、もう現に取調べ室の中で、便宜供与みたいなことや利害誘導的な取調べの中で司法取引的な取調べをやってきた。私が北海道警察の防犯部長のときに、平成の刀狩りという拳銃摘発キャンペーンがあり、全国の警察が一斉に拳銃摘発を始めた。平成五年に警察庁が銃刀法を改正し、やくざが拳銃と実包を持って出頭してきたときはその刑を免除するという規定を作ったが、これが現場で悪用された。やくざと取引して、おまえ拳銃（チャカ）出せと、ふだんスパイ、協力者として使っているやくざに働きかけて出させる、駅のコインロッカーに入れさせて、電話させ、ガサ（捜索差押令）状取ってコインロッカーをガサして差し押さえる。警察側は誰が入れたかは分かっているが、検挙せず、拳銃だけを押収する。この「首なし拳銃」の押収が物すごい数になった。それはもうある意味での司法取引。確かに今度の刑訴法上の司法取引の中に直に警察は出てこないが、検察がいろいろ証拠提出に、警察に協力される云々ということはあるので間接的なあれだと思うんですけれども、検事と弁護人との間でやられる。でも、首なし拳銃と同じで、こういう規定ができたら警察の現場はどんどんこれを使いますよ、知らないところで。弁護士や検事さんはチェックできますか。この首なしのときはできていない、そうなったらどうするんでしょうか。」と述べている（第一九〇国会参議院法務委員会〔二〇一六・四・二八〕）。

4　捜査協力型合意制度の問題点

先の実務家の意見に紹介したとおり、制度の問題点は様々であるが、その要点をまとめると次のとおりである。

(1)「取引された供述」の信用性を担保するための方策の不十分さ

不起訴の利益を提示して得た自白は、「約束による自白」であるとして任意性に疑いがあるとした判例（最判昭和四一・七・一刑集二〇巻六号五三七頁）があるとおり、被疑者が利益と引き換えに、利益誘導を図る捜査機関に迎合して虚偽の供述をするおそれが高いと考えられてきた。とりわけ自己の利益と他人の犯罪に関する供述との取引は、虚偽供述を招く危険が高いことは当然のことで、その取引された供述を他人の公判で利用できるとするためには、その虚偽供述のおそれを払拭し、また虚偽を他人と弁護人が弾劾できる方策を備えるようにしなければならない。

改正法は、供述の信用性担保の方策として、①合意事件の弁護人の協議・合意への立会いと同意、②虚偽供述罪、③合意に基づく供述の公判における取調べにおいて合意内容書面の取調べが義務付けられること、を用意したとされる。

しかし、合意事件の弁護人も、被疑者等の他人の事件（標的事件）に関する供述が真実であるかどうかは判断できないし、弁護人が、その取調べ（供述調書作成）に立ち会うことは前提とされておらず、信用性の担保にはならない。

虚偽供述罪も、身体拘束されて精神的に追い詰められている被疑者等が、不起訴など目先の利益を求めていくことを阻止する有効な策になるとは思えない。

合意内容書面が取り調べられ、取引が透明なものになることがあっても、(2)で述べるように、警察官の証人テストなどによる反対尋問などの困難さは解消しない。

また、裏付け捜査が必須だというのであれば、取引された供述には、補強証拠が必要であるという規定の新設もあわせてなされるべきであった。

信用性担保のためには、特別部会で指摘されていた、①「協議」「取引後の取調べ」の録音録画の義務化と標的事件の弁護人への開示、②合意に基づく供述による犯人性立証には補強証拠が必要とすること、③協議がされる段階での弁護人への証拠開示、は不可欠である。

(2) 取引された供述の信用性弾劾の困難さ――新たなえん罪の危険

我が国の刑事公判においては、検察官による時間をかけた証人テストが許容されており、調書が不同意となって証人尋問が行われるときは、検察側証人は、調書の内容を覚えこまされ、また弁護人からの反対尋問の予想もされる。供述調書が作成された際の取調べの録音録画もなければ、弾劾の糸口を見つけることも困難である。新たなえん罪を生む危険がある。

(3) 従来の司法取引は根絶できるか

被疑者等にとって確実な見返りは、検察官の起訴裁量による不起訴、略式請求、軽い罪での起訴だけであろう。その他の量刑などは裁判所を拘束しないからである。

そうすると、これは従来から検察官の裁量権の中で行われていたものであり、捜査側にとっては、裁判所に「司法取引」を明らかにする制度をあえて利用することは、かえって供述の信用性に傷をつけることになりかねない。国会では、法務省は「本制度によらずに取引をした場合は違法となる」と答弁しているが、この制度は司法取引に関する検察官の後ろめたさを除くことにはつながるものの、従来から行われてきた闇の司法取引を根絶できるか不透明である。

5　日本社会と司法取引、刑事免責制度

日本の社会は、司法取引という制度を受け入れ、定着していくのであろうか。

(1) 日本社会と司法取引の出会い

日本社会が、司法の場における取引と直面したのは、あのロッキード事件のコーチャン嘱託尋問調書をめぐる問題であった。

この事件は、国内航空大手の全日空の旅客機導入選定に絡み、自民党衆議院議員であった田中角栄元首相が、一九七六年七月二七日に受託収賄と外国為替及び外国貿易管理法（外為法）違反の疑いで

逮捕された一連の事件である。

検察官は、贈賄の立証手段として、贈賄側のロッキード社のコーチャン副社長らの証言を得るために、国際司法共助としてアメリカの裁判所に嘱託して尋問を実施するよう東京地裁に求め、その際に、検察官、東京地検検事正がコーチャンらに対して不起訴の宣明書を発して、地裁は嘱託を実施した。嘱託を受けたカリフォルニア連邦地裁が、コーチャンらに証言を命じたところ、刑事訴追を受けるおそれがあると証言を拒否したため、検事総長による改めての不起訴の宣明書と「検事総長の確約がなされれば日本のあらゆる検察官が遵守する」との最高裁判所の宣明書を提出することによって、自己負罪証言拒否権を失わせて、証言させた。

この嘱託証人尋問調書は、第一審裁判所において、刑訴法三二一条一項三号（裁判官面前調書）に該当する証拠能力を有する書面として証拠請求され、その証拠能力が争われた。

この措置は、検察、裁判所の一方的な手続により、コーチャンらの証言拒否特権を失わせたもので、証人側に拒否の自由はなく厳密には「司法取引」ではなく、今回の改正法で導入された刑事免責制度と位置付けられるものである。しかし、恩典を与えて他人の犯罪の捜査や真相解明に協力させる点で司法取引と共通点があり、刑事免責によるとともに、さらに反対尋問権も保障されなかった調書が日本の刑事手続において利用できるかが争いになった。

証拠採用を決定した岡田コート（丸紅ルート）の決定（東京地決昭和五三・一二・二〇判例時報九一二号二四頁）は、刑事免責の付与による証言強制は、わが法制上これを予定した規定を見出し難く、わが国の法的価値基準、伝統的法感情にそぐわない感を抱かしめる一面を有し、不公正感を伴い、虚偽供述誘発のおそれもあるので、一般的には違法の措置であるとの疑いを免れないとしながら、コーチャンらを起訴し得る可能性は元々無きに等しかったので、「処罰の断念と証言を取引によって引きかえにしたと感ぜられる場合とは事情を異にする」として、刑事免責制度が確立しているアメリカの裁判所における尋問であることを理由に、証拠能力を認め、控訴審でも、その決定は容認された。

ところが、その丸紅ルートに関する最高裁判決（最大判平成七・二・二二刑集四九巻二号一頁）は、次のように判示して、その証拠能力を否定した。

「我が国の憲法が、その刑事手続等に関する諸規定に照らし、このような制度の導入を否定しているものとまでは解されないが、刑訴法は、この制度に関する規定を置いていない。この制度は、前記のような合目的的な制度として機能する反面、犯罪に関係のある者の利害に直接関係し、刑事手続上重要な事項に影響を及ぼす制度であるところからすれば、これを採用するかどうかは、これを必要とする事情の有無、公正な刑事手続の観点からの当否、国民の法感情からみて公正感に合致するかどうかなどの事情を慎重に考慮して決定されるべきものであり、これを採用するのであれば、その対象範囲、手続要件、効果等を明文をもって規定すべきものと解される。しかし、我が国の刑訴法は、この制度に関する規定を置いていないのであるから、結局、この制度を採用していないものというべきであり、刑事免責を付与して得られた供述を事実認定の証拠とすることは、許容されない」（傍線は引用者）

この最高裁決定から二十年経過して、まさに、この判示を受けた形で、改正法に刑事免責制度が導入されたのである。

改正法で導入された刑事免責制度は、検察官が裁判所に、①その証言および派生証拠をその証人の不利益な証拠とすることができないこと（刑事免責）、②その証人は自己負罪のおそれのある証言を拒否できないこと（証言拒絶権の否定）を条件とする証人尋問を請求することができ、裁判所は、原則として、この請求を認めて免責決定を行い、証人に証言を強制するものである。

捜査協力型合意制度のような対象事件の限定はないが、多くは組織犯罪における下位者に対し、犯行の指示をした上位者の関与についての証言を強制するために利用されると思われる。

刑事免責制度は、検察側が法で定められた手続をとることにより公判において証人に証言を強制する方法であり、厳密には「取引」ではない（証人に拒否権はない）が、改正法で導入された捜査協力型合意制度は、被疑者、被告人の協力が必須な点で、明らかに「司法取引」である。刑事免責制度はともかく、明確な司法取引までもが「公正な刑事手続の観点からの当否、国民の法感情からみて公正感に合致するか」（前記最高裁判決）が問われたのが、今回の法改正であり、日本社会もこれを容認する時代となったということになる。

しかし、法制審議会特別部会における裁判所委員の強い反対論にも見られるように、国民意識としては、この密告型の供述収集方法については、不信感が根底にあるし、関与する弁護人にも大きな躊躇が予想される。

また、暴力団などの組織犯罪における密告による捜査協力は、報復の危険があるために、証人保護システムが確立していないわが国では、その利用には困難が伴うであろうから、この制度が活用されるとは思えない。そして、共犯密告型にしろ他人密告型にしろ、補強証拠原則や可視化などの手続を欠いた制度として広汎に利用されると、えん罪の危険が増すと思われる。

(2) 類似の制度——独占禁止法における課徴金減免制度と違法行為の密告

真相解明のために制裁を減免する仕組みをとる類似のものとして、共同で違法行為を行った者同士の密告により違法行為の暴露を奨励する制度が、独占禁止法に存在する。

二〇〇五年の法改正で導入された「課徴金減免制度」がそれで、事業者が自ら関与したカルテル・入札談合について、その違反内容を公正取引委員会に自主的に報告した場合、課徴金が減免される制度である。公正取引委員会が調査を開始する前に他の事業者よりも早期に報告すれば、課徴金の減額率が大きくなる仕組みとなっており、公正取引委員会の調査開始日前と調査開始日以後とで合わせて最大五社（ただし調査開始日以後は最大三社）に適用される（調査開始日前の一番目の申告事業者→全額免除、調査開始日前の二番目の申告事業者→五〇％減額、調査開始日前の三番目の申告事業者→三〇％減額、調査開始日以後の申告事業者→三〇％減額）。

欧米の制度に倣い、アメリカのリーニエンシー制度（Leniency Policy）のいわば日本版ともいえる。談合やカルテルは、秘密裏に行われ証拠の収集が困難なことから、違反者からのいわば「自首」による申告に課徴金の減免措置を行い、談合やカルテルの摘発を容易にし、独禁法違反行為の防止を図ろうとしたものである。

企業のコンプライアンスと経済的利益を根拠に作られた制度であるが、カルテル・入札談合の摘発による課徴金という行政手続であり、人身の自由を侵害する刑罰制度とは根本的に異なる。また取引の当事者も、合理的判断を下せる企業であり、身体拘束された弱い立場の被疑者等と強い力を持つ捜査官との取引とは大きく異なる。

また「司法取引」と異なり、課徴金減免制度は法定の要件に該当すれば裁量の余地なく適用されるものとされている。

したがって、課徴金減免制度の存在をもって、日本社会が司法取引を受け入れたとはいえないことに注意が必要である。

6　弁護人としての対応について

(1)　合意事件の弁護人

合意事件の弁護人は、被疑者が検察官との取引を希望する場合、弁護人の誠実義務により、できる限りそれに協力することになるが、被疑者の供述に虚偽がないか、後に虚偽が発覚して虚偽供述罪の適用を受けないかについても留意し、被疑者の供述と裏付け捜査の可能性、検察官の提示する見返りとの均衡などを勘案して、被疑者と協議しながら、対応することになる。

弁護人として、取引に応ずるべきではないと考えた場合にも、あくまで合意を求める被疑者との意見の相違が生ずる場合があり、同意を拒否した弁護人に対して被疑者が解任を求めたり、懲戒請求を行うことなどの問題も生じてくるであろう。

(2)　標的事件の弁護人

標的事件の弁護人は、否認事件の場合、供述の信用性の弾劾が重要な活動となる。そのためには、証拠開示が重要であるが、証拠調べを義務づけられている合意内容書面のほか、検察官が作成するメモについては、衆議院、参議院の法務委員会の附帯決議で、「証拠収集等への協力及び訴追に関する合意制度の実施に関し、検察官は、合意をするため必要な協議に際しては、自由な意見交換などの協議の機能を阻害しないとの観点をも踏まえつつ、日時、場所、協議の相手方及び協議の概要に係る記録を作成するとともに、当該合意に係る他人の刑事事件及び当該合意の当事者である被告人の事件の公判が終わるまでの間は、作成した記録を保管すること。」とされており、この記録についても証拠開示を求めて弾劾の資料として活用していくことが必要であろう。

（いわた・けんじろう　弁護士、日弁連刑事法制委員会委員長）

コラム

司法取引の課題
――アメリカの現状から

笹倉 香奈

1 アメリカにおける「司法取引」

アメリカは「取引の社会」であると称され、刑事司法においても「取引」が蔓延しているといわれる。[*1] その最たる例がいわゆる「司法取引」である。[*2]

アメリカの司法取引は、「検察官の訴追裁量権の行使が、被告人との合意に基づき、訴追協力の見返りとして取引的に行われる」ものであると定義されており、大きく分けると二つに分類できる。[*3]

第一は、被告人自身が有罪であることを認めること（つまり答弁手続において「自分が有罪である」と答弁すること）と引き換えに、検察官が訴因の縮小や一部撤回、求刑の引き下げなどをする、「自己負罪型」のものである。答弁手続とは、被告人が自身の事件についてどのような主張をしようとしているのか（無罪を主張して争うのか、それとも有罪を認めるのかなど）を明らかにする手続であり、公判前に開かれる。有罪の答弁をする場合、公判のうち事実認定手続が簡易化され、量刑手続にすぐ移行することになって手続が簡易化される。このような形態の取引は「純粋の答弁取引」と呼ばれている。いわゆる「自己負罪型取引」である。

第二は、被告人が有罪答弁をし、かつ証言その他の捜査協力をすることを条件に、検察官が上述と同じような措置を行う場合（捜査協力型答弁取引）、あるいは証言や捜査協力を行うことと引き換えに、不起訴などを約束する場合である（免責型司法取引）。これらは「捜査協力型取引」と称される。なお、捜査協力をする者が、協力を求められている事件とは別に自らも訴追を受けており、見返りとして寛大な処分や不起訴の約束などの恩典が与えられる場合、協力者本人との関係で見れば「自己負罪型」の取引となる。自己負罪型取引と捜査協力型取引は組み合わせて使われることもあるのだ。

これらに対して、ある者に対して一方的に免責を与えることと引き換えに、証言を強制するという制度（いわゆる刑事免責制度）も存在するが「取引」とは異なる。自己負罪拒否特権を消滅させた上

＊1　佐藤欣子『取引の社会――アメリカの刑事司法』（中公新書、一九七四年）。
＊2　「司法取引」は日本のメディアなどにより用いられはじめた言葉であり、アメリカ語には「司法取引」に当たる言葉がないのではないかとの指摘もあるが（法制審議会「新時代の刑事司法制度特別部会」第一〇回（二〇一二年五月二四日）会議議事録三二頁（酒巻匡発言）など）、一般に広く使われていることもあり、また裁判所が関与しなくても、広い意味での刑事司法制度のアクターが関与するという意味で「司法」という言葉を用いることは正確性を欠くとは考えないため、本稿ではあえて「司法取引」という言葉を用いることとする。
＊3　宇川春彦「司法取引を考える(1)」判例時報一五八三号（一九九七年）四〇頁などを参照。

で証言を「強制する」という点に主眼がある刑事免責制度には、両当事者の合意に基づく「取引」という側面はないとされているからである。[*4]

以上の取引的な手続のうち、アメリカでもっとも多用されているのは、第一類型、つまり「純粋の答弁取引」である。

アメリカで起訴された事件のうち、有罪の答弁が行われる事件は九五%にのぼるといわれ、[*5]その大多数が取引による。純粋の答弁取引は手続を効率化し、大量の刑事事件を迅速に処理するために発展してきた手続である。アメリカにおける刑事事件は、ほとんどが純粋の答弁取引によって処理されている。純粋の答弁取引をめぐっては、特にそれがえん罪の原因となっているのかという観点から、近年改めて問題提起がなされている。[*6]これまでにDNA鑑定によって雪冤《せつえん》された三四九人の一一%に当たる人々が答弁取引によって有罪の答弁をしており、DNA鑑定以外の手段を含めると三四五人が答弁取引により有罪を言い渡され、後日雪冤されている。殺人事件について誤って犯人であると疑われ、死刑を避けるために有罪答弁をして終身刑を言い渡されるといったケースが典型的である。[*7]

本稿ではこのような自己負罪型の答弁取引については、この程度の言及にとどめることにする。二〇一六年刑訴法改正に先立って、法制審議会・特別部会でも自己負罪型の司法取引に類似する「刑の減免制度」の採用について議論が行われた。しかし、同部会の最終とりまとめ「新たな刑事司法制度の構築についての調査審議の結果（案）」ではその採用が見送られた。そこで、以下、本稿では、二〇一六年の刑訴法改正によって導入された捜査協力型の取引について、アメリカの状況を紹介する。

2 捜査協力型取引

二〇一六年刑訴法改正によって導入された「協議合意制度」は、特定の経済犯罪と薬物銃器犯罪において、検察官と被疑者・被告人が、他人の刑事事件の解明に資する「真実の供述」をしたり証拠物を提出したりするなどの捜査・訴追協力を行った場合に、検察官が一定の恩典（不起訴、軽い罪名での起訴、軽い求刑など）を与えることの合意を行うという制度である。

日本の新たな制度は、裁判官が関与せず、当事者間での協議が行われる点や、それによって捜査・

＊4 宇川春彦「司法取引を考える⑽」判例時報一五九九号（一九九七年）二四頁。日本でも二〇一六年の刑訴法改正で刑事免責制度が導入された。ただし、刑事免責制度が「取引」を前提とするものではないとしても、刑事免責にいたる過程において検察官との間に事実上の取引が行われる可能性は存在する。

＊5 Missouri v. Frye, 132 S. Ct. 1399, 1407 (2012) は、州裁判所における有罪判決の九四％と、連邦裁判所における九七％が有罪答弁に基づくものであるという。

＊6 現在、イノセンス・ネットワークは答弁取引の問題点について、大々的なキャンペーンを展開している。http://guiltypleaproblem. org を参照。

＊7 具体的なケースについては、例えばブランドン・L・ギャレット『冤罪を生む構造——アメリカ雪冤事件の実証研究』（笹倉香奈・豊崎七絵・本庄武・徳永光訳、日本評論社、二〇一四年）〔原著：Brandon L. Garrett, *Convicting the Innocent: Where Criminal Prosecutions Go Wrong* (Harvard University Press, 2011)〕一七五頁以下を参照。

訴追への協力が行われることになる点で、アメリカ型の捜査協力型取引制度を日本に導入するものである。たしかに日本の合意制度は、協力する側と標的となる側の被疑者・被告人の事件を特定の犯罪に限定していること、協力側と標的側の事件とに関連性があることを前提としていること[*8]、弁護人の協議・合意過程への立会いを義務化していることなど、アメリカの制度と異なる部分もある。しかしながら、捜査・訴追協力者に対して取引によって恩典を与えるという基本的な構造はアメリカと同様である。したがって、アメリカにおける制度の問題点に留意をして運用がなされるべきである。

さて、捜査協力型取引は、アメリカの刑事司法において広く行われている。それは刑事司法における取引が根付いており、捜査官・検察官の裁量権が大きいアメリカでは当然の結果であるといえる。

捜査協力型取引において、何らかの恩典の付与と引き換えに捜査への協力をする者のことを、「情報提供者 Informants」や「協力証人 Cooperating Witnesses」、あるいはくだけた言葉で「密告者 Snitches」という。捜査協力型取引を行う場合、原則として罪種に制限は設けられていない。組織的犯罪、薬物犯罪、ホワイトカラー犯罪等の経済犯罪、贈収賄、殺人、テロリズム、誘拐その他あらゆる犯罪で用いられる。恩典としては、より寛大な処分や不起訴の約束、身体拘束の回避、より寛大な量刑、金銭などの提供、捜査における有利な取扱い、その他特権の提供（たとえば一定の麻薬取引について見逃すこと）が挙げられる。捜査への協力内容については、情報を提供すること、第三者の公判廷において証人として証言をすることが典型的であるが、おとり捜査や潜入捜査に協力することも含まれることがある。情報提供者には、幅広い役割が期待されている。

情報提供者の中でも、とりわけ危険であるとされてきたのが、いわゆる「ジェイルの情報提供者

Jailhouse Informants, Jailhouse Snitches」である。ジェイルとは、主として未決の被収容者が収容される施設である。ジェイルの情報提供者は、自身も捜査・訴追対象となってジェイルで身体を拘束されている者である。ジェイルで同室や隣室になった（あるいは、捜査機関によって意図的に同室や隣室に入れられた）者が、自白をしているのを聞いたという内容の供述や証言を行うのが典型的なジェイルの情報提供者である。自らも捜査・訴追対象となっており、身体を拘束されているこのようなジェイルの情報提供者の供述や証言は、一般的に虚偽である危険性が高いとして問題とされてきた。

日本の合意制度においては、前述のとおり、協力被疑者・被告人の事件と標的被疑者・被告人の事件とに関連性があることが前提となっている。しかし、そうであったとしても、恩典を与えて供述等をさせる場合に、恩典につられて罪のない他人を引き込んでしまうという危険性が軽減されるとは必ずしもいえない。そこで、アメリカにおいて、捜査協力型取引にどのような問題点があると指摘されてきたのかを概観する。

3 捜査協力型取引の問題点

ここ十数年ほどで指摘されてきた問題点は、以下のとおりである。

＊8 刑訴法三五〇条の二第一項は、「当該関係する犯罪の関連性の程度」を検察官が考慮すべきとする。「犯罪の関連性の有無」とはしていないことから、犯罪の関連性があることが前提となっているように読める。

第一に、捜査協力型取引は現実の事件においてえん罪の原因となっている。アメリカでは、一九九〇年代に入ってDNA鑑定を活用することによって、多くのえん罪が発見された。すでに三四五人以上がDNA鑑定によって雪冤を果たしている。これらの雪冤事件の詳細を分析することによって一般的なえん罪の原因が明らかになり、情報提供者の証言がえん罪の原因となっていることも明らかになった。[*9]

DNA鑑定による雪冤事件二五〇件の記録を詳細に検討したブランドン・L・ギャレットは、DNA型鑑定による最初の雪冤事件二五〇件のうち、情報提供者の証言が確定判決の有罪認定を支える証拠となっていた事件が五二件（二一％）あったと結論づける著書を二〇一一年に公表した。[*10] その後さらに八〇件のDNA雪冤事件を加えて分析を行い、三三〇件のうち二四％（八〇件）で情報提供者による証言が存在していたことが明らかにされた。[*11]

二〇一一年のギャレットの研究によれば、上記五二件のうち二八件ではいわゆる「ジェイルの情報提供者」による証言が、二三件では共同被告人による証言が、一五件では重要参考人などの捜査機関の協力者による証言が行われていた（複数の類型の証言が行われた事件もある）。つまり、いわゆる「ジェイルの情報提供者」のみがえん罪の原因となっているのではなく、共同被告人なども含め、様々な取引で得られた証言によってえん罪が発生している。

第二の問題は、捜査協力型取引のプロセスについて、事後的にその適正さを検証することが難しい点である。[*12]

捜査協力型取引は秘密裏に行われる。取引の時期や方法や内容は、法域や捜査官によって異なる。

情報提供者と捜査官とのやりとりは記録されておらず、録音・録画もされていないために事後的な検証が難しい。情報提供者自身も、捜査・訴追側も、第三者の犯罪を立証するような供述・証言によって利益を得る。捜査・訴追側も、当該供述が虚偽のものではないか、信用性があるのか否かについて解明するインセンティブは低い。*13

取引が捜査段階で行われる場合、合意内容は捜査官と情報提供者間のものにとどまってしまい検証が行われない。標的となった被疑者・被告人が、その後有罪の答弁を行って有罪判決を言い渡された場合には、公判も開かれないため、情報提供者の供述の信用性やその供述過程の適正さなどについて判断する場もない。捜査協力型取引の過程は、本来的に適正さの確保がなされにくい。

第三の問題は、情報提供者が虚偽の証言や信用性の低い証言を行う場合でも、事実認定者は必ずしもそれを見抜けないという点である。最近の実証研究によれば、陪審員は情報提供者の証言を低く評

*9　これらの研究の詳細については笹倉香奈「アメリカ」白取祐司ほか編著『日本版「司法取引」を問う』（旬報社、二〇一五年）一〇二頁以下を参照。

*10　ギャレット・前掲*7。

*11　Garrett, Brandon L., Convicting the Innocent Redux, in : D. Medwed, Ed., *Wrongful Convictions and the DNA Revolution: Twenty-Five Years of Freeing the Innocent* (Cambridge University Press, Forthcoming) ; Virginia Public Law and Legal Theory Research Paper No. 39. Available at SSRN : https://ssrn. com/abstract=2638472

*12　Alexandra Natapoff, *Snitching: Criminal Informants and the Erosion of American Justice* (NYU Press, 2009).

*13　Alexandra Natapoff, Beyond Unreliable : How Snitches Contribute to Wrongful Convictions, *37 Golden Gate Univ. L R. 107* (2010) at 108.

価するとは限らない。[14]

そして最後の問題は、情報提供者自身が弱者であることもあるという点である。たとえば、薬物中毒者、少年、知的障がい者その他の弱者は取引に応じてしまいやすく、虚偽の情報を提供してしまう可能性も高い。[15]それによって、知らないうちに罪のない他人を巻きこんでしまう情報提供者もいるかもしれない。二〇〇〇年代中頃にアメリカ北西部ではじまり、その後全米で展開されたいわゆる「密告を止めろ Stop Snitching」キャンペーンは、捜査協力型取引のこの点を批判するものであった。[16]

これらの問題が明らかにされることにより、二〇〇〇年代以降はイリノイ州、ノースカロライナ州、テキサス州、カリフォルニア州など一部の州において捜査協力型取引の改革が進められている。また様々な人権団体などから改革についての具体的な提言が行われている。

改革や提言の内容は多岐にわたる。情報提供者の証言が行われる際、公判前に情報提供者に関係する証拠や無罪方向の証拠を開示すること、情報提供者の証言に対する補強証拠の要求、不公平な証言や虚偽の証言を排除し、情報提供者の証言に信用性があることを判断するための公判前審問（いわゆる Reliability Hearing）の開催、情報提供者の供述や取引過程の電子的録音・録画などである。[17]

以上のとおり、捜査協力型取引の改革は、アメリカにおいてもいまだ途上にあり、議論がたたかわされている状況にある。

4　いわゆる「ホワイトカラー犯罪」と捜査協力型取引

捜査協力型取引は、通常の犯罪や薬物犯罪において多用されるが、企業・経済犯罪、組織犯罪、汚職の罪や、テロ犯罪などにおいても用いられる。企業犯罪や経済犯罪などのホワイトカラー犯罪における捜査協力型取引の利用は、通常犯罪における手法を模倣しつつ、近年増加しているといわれる。*18 そもそもホワイトカラー犯罪は連邦政府による捜査・訴追が行われ、処理の在り方も他の事件と異なる。そして、司法取引に対しても、その他の犯罪の場合と比べて規制や監督が強化されており、被疑者・被告人への保護も手厚く、弁護人の関与も高く、透明性やアカウンタビリティも強化されているといわれる。なぜならばこれらの犯罪に関わる被疑者・被告人は資産やリソースを有していて学歴も高く、弁護人へのアクセスも容易だからである。

＊14　Jeffrey S. Neuschatz et al., The Effects of Accomplice Witnesses and Jailhouse Informants on Jury Decision Making, 32 *Law & Hum. Behav.* 137（2008）.

＊15　Natapoff, *supra* note（12）.

＊16　「密告を止めろ」キャンペーンについては、Rachael Woldoff & Karen Weiss, Stop Snitchin'：Exploring Definitions of The Snitch and Implications for Urban Black Communities, *J. of Crim. Justice and Pop. Culture, 17*（*1*）（2010）at 184など。

＊17　詳細については、笹倉・前掲＊9を参照。

規制や監督の強化、弁護人へのアクセス、透明性とアカウンタビリティの確保など、ホワイトカラー犯罪における捜査協力型取引の在り方は、他の通常犯罪におけるそれよりは望ましいとされる。そうであっても、すでに述べてきたような通常犯罪におけると同様の問題は起こり得ると指摘されている[*19]。

5　おわりに

以上、アメリカにおける捜査協力型取引の問題点を概観した。アメリカにおいては捜査協力型の司法取引が幅広く使われているが、えん罪の原因になるなどの問題点の指摘や改革に向けた動きが近年高まってきた。そして、通常の犯罪においても、ホワイトカラー犯罪のような類型の犯罪においても、同様の問題点が生じ得るとされている。

たしかに日本の協議合意制度は、アメリカの捜査協力型取引とは異なり、特定犯罪に限定されている。そして協議過程への弁護人の関与が必要とされており、合意内容書面が公判廷に提出されるなど、虚偽の供述を防止するための対応策が制度化された。しかしながら、証拠の開示や補強証拠の要求、協議過程の録音・録画など、アメリカにおいて提唱されているような改善策については採用が見送られた。

協議合意制度については、どのような運用が行われるのか、虚偽供述の防止策を拡充しなくてよいのかなど、アメリカの改革動向をも参照しつつ、改正法の公布（二〇一六年六月三日）から二年以内とされる制度の施行に向けて、今後十分な検討を行う必要があるだろう。

（ささくら・かな　甲南大学法学部教授）

＊18　Ellen C. Brotman and Erin C. Dougherty, Blue Collar Tactics in White Collar Cases, *The Champion*, September 2011, at 16. 一般に、どれくらいの数の事件で捜査協力型取引が行われているかについてのデータは存在しない（Jessica A. Roth, Informant Witnesses and the Risk of Wrongful Convictions, *53 American Criminal Law Review 73* (2016) at 748）。ただし、合衆国量刑委員会は、他者の捜査・訴追に「実質的な協力」をした被告人の事件の割合に関するデータを公表している（協力が行われた場合、連邦の量刑ガイドライン§5K1.1は当該協力者の減刑を認めている）。これらの事件においては何らかの取引があったことが推測される（この数字に出てきていない形での捜査協力型取引もかなり多いことには注意が必要である）。それによると、二〇一五年度には独禁法関連事件の六六・七％、贈収賄事件の三一％、薬物取引事件の二四・六％、マネーロンダリング事件の二三・四％、詐欺事件の一九％で「実質的な協力」が行われていた（U. S. Sentencing Commission, *2015 Source Book of Federal Sentencing Statistics*, Table 27）。なお、連邦事件のかなり多くに情報提供者が関与しているということは、以前から指摘されている（Roth, at 750）。

＊19　Natapoff, supra note（12）at 152.

コラム

新たなえん罪を生む司法取引・証人保護

海渡　雄一

1　司法取引が生み出すえん罪

(1)　改正法が導入した他人を巻き込む司法取引制度

刑事訴訟法改正で新たに導入された司法取引制度と証人保護規定も新たなえん罪の原因を作り出しかねない捜査手法である。さらに、これと共謀罪が連動したら、どのような危険性があり得るかをここでは考えてみたい。

司法取引といえば、自分が罪を認めて争わない代わりに、刑罰を軽減してもらう制度というイメージがある。このような制度もあり得る（自己負罪型）が、改正法が認めたのは、「他人の罪」を明らかにして、「自分の罪」を軽くしてもらうという制度（捜査・公判協力型）である。

刑事訴訟法三五〇条の二によって、検察官が被疑者、被告人（協力被告人）と協議を行い、他人の刑事事件について、その解明につながる供述をした場合には、被疑者・被告人に一定の恩典（不起訴、軽い罪での起訴、軽い求刑など）を与えることができるという制度が導入された。対象は一定の経済犯罪、汚職（贈収賄）、詐欺などである。これらも、共謀罪法案の対象とされている。方法は、取調べ、刑事公判で真実を述べること（捜査機関の筋立てに沿うことが真実とされる）、証拠の提出などの協力とされる。

(2) 闇の中で行われてきた事実上の司法取引

これまで、このような司法取引制度は日本には公式の法制度としてなかった。しかし、実務においては、闇の取引は数多く実行されてきた。ここでは、今村核弁護士の分析を参考に、過去の闇取引の事例について分類して検討してみたい。

(a) 共犯型1（真犯人が無実の者を巻き込み、あるいはすり替えるケース）[*1]

代表的なケースは八海事件である。真犯人が他の四人と実行したとして、本人は無期刑に減刑された。郵便不正事件も、真犯人である上村係長の「村木課長に指示されてやった」、上司である部長の「村木課長に指示をした」という供述、実態のない障害者支援団体「凛の会」代表の「村木課長から証明書を受け取った」という供述が録取された。

＊1　白取祐司・今村核ほか編著『日本版「司法取引」を問う』（旬報社、二〇一五年）四二頁。

(b) 共犯型2(共犯者自身も無実であり、虚偽自白をして、かつ他人も巻き込むケース[*2])

松川事件における赤間自白が典型例である。二〇〇七年に無罪が確定した志布志事件は全体が虚構の公職選挙法違反事件であったが、数名が厳しい取調べに耐えきれず自白し、他の者を巻き込んでいった事件である。

(c) 他人型1(同房者の虚偽供述[*3])

二〇〇八年に無罪が確定した引野口事件が代表例である。被告人の同房者である女性Mは、非行歴が多数あり、覚せい剤取締法違反で逮捕勾留され、窃盗八件の余罪があった。Mは被告人と二人だけの房に収容され、「殺しました」「二回刺した」「首だったと思う」などの話を聞いたと証言した。Mは窃盗七件を不起訴とされ、執行猶予となった。このMの証言は、大きく変遷し、客観的事実とも符合せず、裁判所は「違法捜査」だとして証拠排除した。二〇〇八年三月五日、福岡地裁小倉支部は、「同房者によって情報を得る目的で意図的に二人を同房にさせ、代用監獄における身柄拘束を捜査に利用した」、「身柄留置が捜査のために濫用された」、「黙秘権、供述拒否権を告知されることなく取調べを受けていたことになる」などとして、Mの告白を証拠から排除し、念のため告白には信用性も認められないと判示した。

(d) 他人型2(知人による情報提供[*4])

現在も日弁連が再審請求を支援している福井女子中学生殺害事件が典型例である。この事件の情報提供者Aは、覚せい剤取締法違反で勾留中であった。Aは同事件の捜査が難航していることを警察内部で見聞きし、面会に来た知人に「福井女子中学生事件の真犯人を知らないか。もし、真犯人を教えることができたら、俺の罪は軽くなる」と述べたという。Aは、拘置所への移送の日に警察官に福井女子中学生殺害事件に心当たりがあると言って、「事件があった翌日の二〇日の朝に、学校の一年後輩のMが血だらけになって、自分とI子が同居していたエレガント甲野にやってきた」と情報提供した。

Aは血だらけの服を処分したと証言したが、その証言は変転を重ね、捨てたとされた場所をいくら探しても何も見つからなかった。

このAの証言の信用性が争われ、一審地裁判決では信用性がないとして無罪判決が下されたが、高裁で逆転し、最高裁で確定した。二〇一一年に名古屋高裁金沢支部で再審開始決定が出されたが、異議申立てによって取り消され、最高裁も再審を開始しないとした。

(3) 虚偽供述罪の導入によって助かるケースも助からなくなる

このような司法取引を制度化すると、自らの刑事責任を軽くするためにうそをつく者が現れ、新たなえん罪を生み出す危険があることは明らかである。このような批判に対して、闇の取引を明るみに出すことによって弊害が除去できるとする意見が述べられることがある。法務省は、他人をえん罪に

＊2　白取ほか編著・前掲＊1五五頁。
＊3　白取ほか編著・前掲＊1七二頁。
＊4　白取ほか編著・前掲＊1八四頁。

陥れる危険を防止するためとして、虚偽供述罪を導入した。司法取引の手続で虚偽を述べた者に対して刑罰を科す制度である。これにより、闇の取引を明るみに出し、無実の者が巻き込まれる危険が少なくなるというのである。

しかし、本当にそうだろうか。

たとえば、郵便不正事件において、村木さんの無罪が明らかになったのは、部下の上村氏が「村木氏に指示されたとの捜査段階の供述はうそであり、真実は自分の単独犯行であった」と証言し、上司は、「村木氏に指示したことはない。本件は壮大な虚構だった気がする」と公判で証言したからである。こちらが真実の証言であると裁判所が考えたので、村木氏は無罪となった。しかし、部下や上司が司法取引で供述した場合を想定すれば、公判廷でこの供述を覆すことは、司法取引で虚偽を述べたこととなり、虚偽供述罪に問われることとなる。司法取引の場で述べたことと同じことを証言しなければ、公判廷の証言も偽証罪に問われる危険性がある。虚偽供述罪の導入によって、司法取引がなされた場合、捜査時の供述を覆すことは著しく困難となる。公判で取引供述を取り消すことは、恩典が受けられなくなるだけでなく、偽証罪に問われかねないからだ。そして、もし、公判で供述を覆したとしても、弁護人が立ち会って協議がなされた上で作成された検面調書が高い信用性があるとされて証拠採用され、その「他人」は結局有罪とされる可能性が高いといわざるを得ない。

(4) 弁護人の立会いはえん罪発生の歯止めとならない

この制度の下では、司法取引の当事者となる者の弁護人の同意が必要とされた（刑訴法三五〇条の三）。衆議院段階での修正によって、合意のための協議の際に弁護人が常時関与することとなった（同三五〇条の四）。

法制審諮問時の法務大臣であった江田五月氏は「捜査の聖域に弁護士が介入するきっかけを作れる」と述べる。[*5] しかし、ここに登場する弁護人は取引をする捜査協力者の弁護人であり、罪を負わせられる「他人」の弁護人ではない。そのため、「他人」の利益を考慮して、その証言の信用性を保障できる立場にはない。そして、弁護人には捜査段階では一切の証拠の開示もなく、依頼者である被疑者・被告人の言い分と捜査機関の説明だけを聞いて、取引に応ずるかどうかを決めなくてはならないのである。

弁護人は、依頼者である被疑者・被告人の権利・利益を擁護するために最善の弁護活動に努めなければならない（弁護士職務基本規程四六条）。したがって、弁護人としては、被告人がうそを述べて、第三者を罪に陥れようとしていることを知っている場合には虚偽供述罪に該当するとして取引に同意することを断ることができるが、依頼者があくまで記憶に基づいて供述することと引き換えに不起訴や軽い処分を求めているときに、「その内容が真実であると確認できないことを理由に弁護人が同意を拒むことは、できない」との解釈も示されている。[*6] 同じ問題について、「検察官が取引に応ずるかは、検察官が依頼者の供述をどれほど重視するかにより」「合意に基づく検察官の減免行為の相当性

＊5　江田五月「刑訴法改正に思う」法律時報八八巻一号（二〇一六年）一〇頁。
＊6　河津博史「刑訴法改正とこれからの刑事弁護」法律時報八八巻一号（二〇一六年）五三頁。

判断は微妙で困難といわざるを得ません。さらに、合意に基づく求刑意見に対し、裁判所は必ずしも拘束されるわけでもありません。弁護人としては、依頼者の意向のほか、様々な事情を十分に考慮して、慎重に対応する必要があるでしょう」との見解も示されている。[*7]

法制審特別部会の幹事であった川出敏裕氏は、協議・合意に弁護人の関与が必要的とされたことを根拠に「(協力者供述の信用性担保について)、協議・合意に弁護人の関与が必要的とされていることも、一定の意味を持つであろう。」としている。[*8] もちろん、虚偽供述をしてはならないこと、刑事制裁を受ける可能性があることを警告するのは弁護人の責務である。しかし、協力者の弁護人にすぎない者が、一切の証拠も見せられない状態で、「他人」の犯罪について協力者が述べようとしていることの信用性を判断することなどできるはずがない。弁護人の関与によって、弁護士が新たなえん罪の共犯者に仕立て上げられる危険性すらあるといわなければならない。

(5) えん罪を防ぐ対策が用意されていない

アメリカでは司法取引によって生み出されたとされるえん罪のケースが多数明らかになった。イノセンス・プロジェクトが明らかにしたえん罪事例を分析したブランドン・L・ギャレットの『冤罪を生む構造』(笹倉香奈ほか訳、日本評論社、二〇一四年)には、拘禁施設内で、他人の犯罪を密告し、罪を軽くしてもらい、拘禁施設における処遇をよくしてもらおうとするケースが多数報告されている。ギャレットの研究によると、対象の二五〇件のえん罪の内、五四件が共犯型と他人型の司法取引によるとされている。

アメリカでは、このような司法取引による供述の危険性が自覚され、さまざまな改革が実行されている。証拠開示の徹底が一番の対策であるが、それ以外にも、

①情報提供者の供述は信用できない可能性があることを陪審に説示しなければならない（カリフォルニア、イリノイ、コロラド、モンタナ、オクラホマ、オハイオ、ウィスコンシン、コネチカット）

②被告人と犯罪との結びつきについて情報提供者の供述だけでなく補強証拠が必要である（テキサス、マサチューセッツ、アイダホ、カリフォルニア）

③情報提供者である証人の信用性に関する公判前の審問を開く（イリノイ、オクラホマ、ネバダ）

などの対策が州ごとに定められるようになってきている。[*9] しかし、今回の刑事訴訟法改正では、法制審で司法取引がえん罪を生み出す危険性について正面から検討した経過がなく、このような対策も検討されていない。

衆議院の附帯決議は、検察官に協議の記録を作成し保管することを求めている。しかし、簡単な記録だけでは取引の経過をトレースすることは困難である。今村核弁護士は、他人型の司法取引については、密告者の取調べ、協議、合意、その後の取調べ、証人テストの過程をすべて録音録画し、被告

＊7　小坂井久ほか編著『実務に活かすQ＆A平成二八年改正刑事訴訟法等のポイント』（新日本法規出版、二〇一六年）二一四頁（秋田真志執筆）。
＊8　川出敏裕「協議・合意制度および刑事免責制度」論究ジュリスト一二号（二〇一五年）六八頁。
＊9　白取ほか編著・前掲＊1一一二〜一一五頁（笹倉香奈執筆）。

人に開示することを求めている。[10] 供述の全過程が録音録画されていれば、捜査官から情報を与えられて供述が詳細になったのか、もともとの記憶としてそのような情報を有していたのかを分析する手がかりとなるとするのである。秋田真志弁護士も同様の提案をしている。[11] イノセンス・プロジェクトの模範立法案にもこのような提案が見られる。[12]

いずれにせよ、司法取引制度が新たなえん罪を生み出す危険性を直視し、改正法附則九条に定められた制度の見直しの際に、司法取引制度によるえん罪の発生を防ぐための歯止め策を検討し、改正案として提起しなければならない。

2　共謀罪と司法取引・証人保護

(1)　密告を奨励する共謀罪の自首の必要的減免

ここで、共謀罪と司法取引について論ずることとしたい。共謀罪が制定されれば、捜査機関はこれを司法取引の対象とすべきであると言い始めるだろう。すでに、産経新聞は昨年八月三一日の「主張」において、「〔共謀罪〕法案の創設だけでは効力を十分に発揮することはできない。刑事司法改革で導入された司法取引や対象罪種が拡大された通信傍受の対象にも共謀罪を加えるべきだ。テロを防ぐための、あらゆる手立てを検討してほしい。」と述べている。共謀罪に関する司法取引は、客観的な犯罪の結果も何もないところで、言葉だけの罪について行われる取引であるから、虚偽であることを見破ることは極めて困難であり、共犯型1、共犯型2の類型のえん罪を大量に生み出す可能性がある。

二〇〇三年に提案された共謀罪法案の政府案では、自首した場合には、無限定かつ必要的に減免することとしていた。共謀罪については、自己負罪型と協力型の司法取引がもともとの政府案にビルトインされていたのである。

政府案の自首した者の罪を必要的に減免するという規定は、犯罪の実行前に犯罪の実行を中止した場合であっても、共謀に加わった者は、警察に自首する以外に刑罰を免れる手段がないことを意味する。犯罪をやめても救われず、仲間を売り渡さなければ逃れられない大量の犯罪の創設は通常の市民の倫理感覚とも著しくかけ離れており、その削除が強く求められた。そのため、二〇〇六年の与党修正案では任意的減免規定とされていた。国際組織犯罪防止条約からの要請もないこのような密告者の処罰の規定は削除するべきであるのに、政府提出予定新法案（本書9・海渡論文参照）ではこの必要的減免規定を復活させている。

(2) 証人保護規定の強化がもたらすスパイ（覆面捜査官）潜入捜査

改正刑事訴訟法二九九条の四、二九九条の七によって、弁護人に対しても、証人の氏名住所が不開

＊10　白取ほか編著・前掲＊1一六三頁。
＊11　小坂井ほか編著・前掲＊7二二七頁（秋田真志執筆）。
＊12　白取ほか編著・前掲＊1一一五頁（笹倉香奈執筆）。

示とされる場合が作られた。証人の氏名も住所もわからない中で、反対尋問は著しく困難となるだろう。弁護人に開示された場合、これまでも被告人に開示しないよう配慮する義務が弁護人に課されていたが、この義務が強化され、違反した場合は弁護士会・日弁連に処置請求をすることができることとなった。

警察が市民団体にスパイ（覆面捜査官）を送り込み、犯罪遂行を主唱させ、これを応諾した（反対しなかった）者を密告した場合、スパイの身元は厳格に秘匿されることだろう。弁護人が一人でスパイの身元を特定することは困難であり、弁護人が、被告人や支援者に、スパイと目される人物の特定のために開示情報を明らかにしてその人物を捜し出すことへの協力を求めると、その弁護人は懲戒されてしまう危険性がある。

アメリカではベトナム反戦の市民運動にスパイが送り込まれていた。日本でも、戦後に共産党の犯行とされた爆破事件である菅生事件の犯人は現職の警官であったことが後に判明している。原発反対の市民運動に現職の公安警察官がスパイとして送り込まれていた事実も報告されている。[*13] 証人保護規定は、このような権力犯罪の解明を著しく困難とするであろう。

3　新捜査手法ラッシュが起きる危険性

盗聴の大幅拡大、司法取引、匿名証人などは、日本の捜査機関が長年悲願としてきた捜査手法である。しかし、捜査機関の野望には限界がない。

コントロールド・デリバリー（薬物・銃器を監視付きで配達し、受取人を検挙すること。すでに合法化されている）と覆面捜査（匿名捜査官の組織内への送り込み）は共謀罪と強い親和性がある。GPS監視（令状の必要性をめぐり実務に争いが生じ、最高裁の判断待ちとなっている）、監視カメラの顔認証システム（導入計画あり）、街頭傍受（監視カメラに高性能指向性マイクを連動させる）、室内傍受（現時点では認められていないとされているが、法制審議会で今後の課題とされた）なども、捜査手段として拡大していく可能性がある。

今回の刑事訴訟法改正を捜査機関による新たな市民監視システムの構築の一環として検討し、捜査機関の機先を制し、その拡大を防ぎ、濫用を予防する法的な分析と市民的抵抗の途を探る必要がある。

（かいど・ゆういち　弁護士、日弁連共謀罪対策本部副本部長）

＊13　井上年弘（原水禁事務局次長）「実行委員会に参加していた男は公安警察だった」海渡雄一編『反原発へのいやがらせ全記録』（明石書店、二〇一四年）五一頁。

7　盗聴の拡大の位置づけ

——秘密国家、軍事国家への道を支える道具〈共謀罪と盗聴〉

村井　敏邦

亡霊がまたまたさまよい始めた。三度国会に提案され、三度廃案になった共謀罪法案を、四たび、安倍内閣は提案しようとしている。特定秘密保護法、集団的安全保障関連法と憲法九条関連法を強行採決し、司法取引、刑事免責制度の導入、盗聴の拡大を含む刑事訴訟法等改正法を制定した。これによって、共謀罪法制定への地ならしができた。盗聴の拡大を含む刑事司法改革は、共謀罪法の先駆けとして位置づけることができる。

上記の各法律に共謀罪法が加わることによって、安倍内閣のもくろむ秘密国家、軍事国家への道筋は、九分通り完成する。

1　盗聴という捜査手段そのものの問題

(1)　盗聴法の制定

「盗聴」という行為は、アメリカ法でいわゆる「ワイヤ・タッピング」（電話盗聴）と「バギング」（会話盗聴）の二種類がある。英語で盗聴に当たる言葉は、「軒下で雨粒の落ちる音に耳をすます行為」を意味するeavesdroppingであり、これは後者の会話盗聴を意味していた。この「会話盗聴」は、市民の日常的な生活の場の覗き見と同様、市民のプライバシー領域への侵犯度が大きい。一九九九年八月一二日に成立し、二〇〇〇年八月一五日から施行されているいわゆる盗聴法、「犯罪捜査のための通信傍受に関する法律」は、前者の「電話盗聴」を認め、「会話盗聴」は規定していない。

盗聴法の成立にあたって指摘された問題点は、第一に、この法律が「憲法で保障された通信の秘密およびプライバシーの権利をほとんど無限定に侵害する危険を持つということ」であり、第二に、その内容が、「伝統的な刑事司法の枠組を大きく掘り崩すものであるということ」であり、第三に、「内容のみならず、その制定過程も適正さを欠くものであったということ」であり、第四に、「この盗聴法の制定が、今後、伝統的な刑事法の原則や枠組を逸脱する立法が次々に行われていく契機になりかねないということ」である。

最後に指摘された点は、まさに盗聴の拡大を含む新しい捜査手法を制定しようとする「新しい刑事司法の在り方」についての法制審議会答申として具現してきた。もともとは、違法な捜査・取調べに対する批判から発して、取調べの可視化と証拠開示の拡張を要求する声に後押しされる形で議論が開始されたことである。ところが、その議論の過程で、取調べの可視化とバーターのように、新たな捜査手法の検討が行われだした。

後述の盗聴の拡大にとどまらず、黙秘権保障の観点から問題の多い刑事免責制度や偽証罪の制裁の下で被告人に証人適格を認める制度の採用などが検討された。このうち、後者は、最終的には、今後の検討課題となった。自民党憲法草案で新設が提案されている被害者保護規定に平仄を合わせるような被害者保護の拡大も刑事訴訟法の一部改正法に盛り込まれた。現行憲法における被疑者・被告人の権利保障を後退させて、被害者保護の方向へシフトを移す動きが具体化されようとしているのである。

(2) 盗聴法審議経過を振り返って

(a) 参議院本会議における趣旨説明

一九九九年六月九日、盗聴法を含む「組織的な犯罪に対処するための法整備に関する三法案」(組対法)についての趣旨説明が参議院本会議において行われた。

「近年、暴力団等による組織的な犯罪が少なからず発生しており、我が国の平穏な市民生活を脅かすとともに、健全な社会経済の維持発展に悪影響を及ぼす状況にあります。

一方、このような組織的な犯罪の問題については、国際的にも協調した対応が強く求められ、主要国においては法制度の整備が進んでおります。」

この頃の警察白書（平成一二年）には、次のような記事が見られる。

「イ　集団密航事件

警察及び海上保安庁では、一一年中に、七七〇人の集団密航者（注）を検挙した……。国籍別でみると、中国人の占める割合は、全検挙人員の九割強に当たる七〇一人に上っている。

『蛇頭』は、我が国に受入れ組織を構築し、広域的に活動しているとみられ……、集団密航事件の発生場所は、一一年中に検挙された事件をみると、二二都道府県に及んでいる。このため、警察では、海上及び沿岸部での警戒、海上保安庁、法務省入国管理局等関係機関との連携、沿岸地域住民への協力要請等により、全国的に水際対策を強化している。」

このような背景の下に、組織的な殺人、詐欺等の処罰を強化し、マネーロンダリングを処罰する「組織的な犯罪の処罰及び犯罪収益の規制等に関する法律案」と「犯罪捜査のための通信傍受に関する法律案」を提案するというのである。

この盗聴法案の要点が次のように挙げられている。

まず第一に、通信傍受の要件等については、「対象とする犯罪を一定の重大な犯罪に限定し、他の方法によっては真相の解明が著しく困難な場合に限るなど、厳格な要件、慎重な令状請求及び発付の手続等を定めることとしております。」という。

第二に、「傍受の実施の適正の確保及び関係者の権利保護を図るため、令状の提示、立会人の立ち会い、傍受をした通信の記録の取り扱い、通信の当事者に対する通知、不服申し立て等に関する規定を設けること」としている。

第三に、「通信の秘密の尊重等について規定することとしております。」

盗聴法の制定に伴い、刑事訴訟法の一部を改正して、電気通信の傍受を行う強制の処分ができる旨の根拠規定が設けられた。

実は、こうした改正に併せて、証人またはその親族の住居等が特定される事項についての尋問を制限することができること等の措置を定めるという提案も行われた。

盗聴法の制定とともに、証人保護という名目で弁護権保障への制約も行われていることが注目される。

この政府提出案に対しては、衆議院において、通信傍受の対象犯罪を薬物関連犯罪、銃器関連犯罪、集団密航に関する罪および組織的な殺人の罪に限定すること、傍受の実施にあたり第三者の常時立会いを必要とすること、他の犯罪の実行を内容とする通信の傍受に関し、その要件を限定するとともに、この傍受に対する裁判官の事後的な審査の手続を設けること等を内容とする修正が行われている。

(b) 政府提案に対する質疑

参議院の趣旨説明に対して、民主党の小川敏夫議員からは、傍受記録以外の傍受部分についての記録の確認を求めることができるとする規定の実効性に対しての疑問、「傍受した通信を録音等した記録は封印されて裁判所に一定期間保管されます。この措置は、単に裁判所を倉庫がわりに使うだけで、裁判官がその記録を検証し傍受が正当であったかを判断するためではありません。このように傍受された当事者にも、裁判官にも、乱用を発見し得る機会が与えられておらず、捜査官による乱用を防止する手だてが全く講じられていない」という点、傍受記録以外の通信傍受に対する事後点検制度が採用されていないことについて、法務大臣としては何らかの措置を講ずる考えがないか、裁判所に保管する原記録について、裁判官が傍受の適正さを確認するため、検証する制度を導入することはどうか、乱用に及ぶ通信傍受によって入手した情報を端緒とする証拠の排除原則を導入することについて、総理大臣は、捜査官による不正あるいは乱用に及ぶ通信の傍受を防止することも事後点検することもできない構造になっている本法案について、これを改める考えはないか、弁護人の秘密交通権および報道の自由に関する取材源の秘密に対する侵害が予想されることなどの疑問が出された。

また、共産党の緒方靖夫議員は、「盗聴終了後三十日以内に当事者に書面で通知することになっていますが、それは傍受した通信の中に被疑事実が含まれ、刑事手続として傍受記録が作成される場合に限定されており、犯罪と関係ないにもかかわらず盗聴された国民には事後通知がされないことになっております。これでは、国民は公権力により人権侵害のされっ放しになるではありませんか。なぜ通知しないのですか。このような重大な国民の人権侵害を引き起こすおそれを総理は容認されるのですか。」という質問が出された。

これに対する小渕恵三総理大臣の答えは、「犯罪に関係のない通信の当事者にまで通知をすることはむしろ弊害が大きい」というものである。どのように弊害が大きいのかの説明はない。

社民党の福島瑞穂議員の質問は、「立会人については、法案十二条で『通信手段の傍受の実施をする部分を管理する者又はこれに代わるべき者』が立ち会うとされており、この表現から、立会人はその警察の建物を管理する警察の総務課員でもよいという解釈が成り立ちます。こういった新しい通信方式による盗聴を法案が否定しているとは法文上からも読み取れませんし、こうした通信方法を前提とした法案審議は一切なされていません。〔原文改行〕このような新たな通信傍受の方法が明らかになった以上、参議院の審議では、まず技術の詳細をＮＴＴに明らかにさせるところから徹底的な審議を尽くす必要があります。」というものであった。

これに対して、総理大臣は、「通信傍受の場所、方法は令状の記載事項であり、裁判官が適当と認めて令状に記載した場所において通信手段の傍受を実施する部分を管理する者等の立ち会いのもとに行われることとされており、傍受自体を警察施設内において行い、また警察官が立会人となることは想定されておりません。」と答弁した。

「傍受自体を警察施設内で行い、また警察官が立会人になることは想定されていない」。この発言は、今回の改正の是非を検討する上で、大変に重要である。

(c) 盗聴法制定時に指摘された問題点

上記の議会における疑問点を含めて、盗聴法に対しては、次のような問題点が指摘されてきた。

第一に、憲法三五条違反である。憲法三五条は、「何人も、その住居、書類及び所持品について、侵入、捜索及び押収を受けることのない権利は、第三十三条の場合を除いては、正当な理由に基いて発せられ、且つ捜索する場所及び押収するものを明示する令状がなければ、侵されない。」と規定している。まず問題になったのが、盗聴という行為は、憲法の認める捜索、押収という捜査方法に含まれないのではないかという点である。

憲法上の捜索・押収は、捜索・差押え・検証の三種類である。これ以外の強制処分を新しく認めるというのは、強制処分法定主義に反する。これに対して、上記の強制処分以外でも、手段・方法等の手続を法定しさえすれば、新しい強制処分として強制処分法定主義に反することなく、認めることができるという見解が出てきて、この見解の下に盗聴を新しい捜査方法として認める法律が作成された。

しかし、仮に上記のような「新しい強制処分」論を採っても、なお、盗聴には、令状主義の要件を満たし得ない可能性が残されていた。それが、上記の趣旨説明に対する質問にもいくつか示されている。

官の行為によって権利を侵害される場合には、あらかじめそのことを権利者に告知するというのが、最低限度の要件であり、令状主義は、その表れである。ところが、盗聴についていえば、会話等を盗聴される者には、盗聴することをあらかじめ知らせない。令状が発付されても、それが権利当事者にあらかじめ呈示されることはない。

さらに、適正な手続の要請からは、告知に加えて聴聞の機会が提供されることが必要である。しかし、盗聴に関しては、権利者に聴聞の機会も提供されない。

このように、令状主義が内包している告知と聴聞の要請を盗聴という手段は満たし得ない。これが令状主義違反といわれるゆえんである。

令状主義違反の疑いに加えて、盗聴という行為は、犯罪行為に無関係の会話をも傍受する可能性があり、プライバシー侵害の危険性は極めて高い。令状に特定の犯罪に関する会話の傍受と記載されていても、少なくとも、その会話の前後が傍受される、あるいは、全く関係ない人の会話も傍受される可能性もある。このような事態を避ける手段は講じられていない。

以上のような問題点があり、盗聴という手段の憲法適合性には、はなはだ疑問がある。

百歩譲って、盗聴を合憲化する最低限の条件を考えるとするならば、①対象犯罪を極力限定すること、②捜査官以外の第三者の立会いを必要的にするなどの手続要件を厳格にすることである。上記の小渕総理大臣の言葉が重要な意味を持つのは、この点においてである。国会における修正も、この点を意識してのことであった。

ところが、今回の盗聴法改正は、これらの修正の意義も総理大臣の約束も反故にして行われた。

2 盗聴法制拡大の三局面

(1) 経過

盗聴の拡大を含む新しい捜査手法については、二〇一二年三月一六日開催の法制審議会「新時代の刑事司法制度特別部会」(以下、「特別部会」という)第八回会議において、国家公安委員会委員長主催の「捜査手法、取調べの高度化を図るための研究会」における検討に関する最終報告の説明が行われ、ここで、検討事項として登場した。

報告された研究会は、「治安水準を落とすことなく取調べの可視化を実現するための検討を行うことを目的として設置された。」とされている。そこでは、「直ちに取調べの可視化だけを行うこととすれば、結果的に治安水準を落とすこととなるとの懸念」があるとされ、そこで、「我が国の捜査の在り方を見直し、治安水準の維持という観点も踏まえて、捜査構造全体の中で取調べの機能をどうするか、どのように可視化・高度化を図るか、取調べ以外の捜査手法をどのように高度化するか等について、幅広い観点から検討を行うことを付託されたものである」というのである。

従来の捜査の反省に立って検討を行うというより、取調べの可視化によって低下するであろう治安水準を、新しい捜査手法の導入によっていかに取り戻すかという観点から行われた検討の結果が、盗聴の拡大や司法取引の導入等の提案となっている。

ここで提案された内容に従って、特別部会での審議が進み、二〇一三年一月二九日の特別部会第一九回会議で、「時代に即した新たな刑事司法制度の基本構想」（「基本構想」）が確認された。

「基本構想」によると、通信傍受法（盗聴法）の活用は極めて低調であった。しかし、この方法は、取調べを通じた事後的な証拠の収集に代替するものであり、これまでの問題点を検討して活用していかなければならないとして、以下の諸点が具体的な検討事項とされている。

(a)　対象犯罪の拡大

薬物犯罪、銃器犯罪、組織的な殺人および集団密航の四類型に限定されていたが、「その後の通信傍受の活用状況が低調なものにとどまっていること」「通信傍受法の成立時と対比して、携帯電話を含む通信手段が著しい発展を遂げ、国民生活はもとより犯罪の遂行に当たっても大きな役割を果たすようになっている」こと、「振り込め詐欺のように、通信傍受法の施行後に新たに発生した犯罪事象が社会問題化し、これに対する有効な対策を講じる必要があるほか、強盗や窃盗などについても犯罪の組織化が進んでいる」ことから、「通信傍受の対象犯罪を拡大して、振り込め詐欺や組織窃盗など、通信傍受の必要性・有用性が高い犯罪をも含むものとすることについて、具体的な検討を行う。」としている。

「詐欺や窃盗一般を対象犯罪とするのは広範に過ぎるので、振り込め詐欺や組織窃盗など実際に問題となる犯行態様に対応できる要件により絞込みをかけるべきとの意見や、最高裁判例（最三小決平成一一年一二月一六日刑集五三巻九号一三二七頁）が通信傍受法制定前の検証令状による電話傍受の要件に関し、『重大な犯罪に係る被疑事件』と判示している点も考慮する必要があるとの意見もあったことから、こうした指摘も踏まえて検討を進める。」としているが、その後の審議の中でこれらの意見のとおりにはならなかった。

(b) 立会い等の手続の合理化

「まず、現行通信傍受法では、傍受手続の適正を確保するため、通信事業者等による立会いや傍受の原記録の封印等の手続が定められているが、運用上、通信傍受を行うため数週間前から捜査機関と通信事業者側との間で立会人の確保等のための協議を開始する必要があり、このことが通信傍受を迅速に行えない理由となっているほか、通信事業者にとっても立会人を供することが大きな負担となっているとも指摘される。」とし、「現行通信傍受法では、傍受の実施場所を限定する規定はないものの、立会人による立会いが必要とされること等から、通信事業者の施設において傍受を実施する運用となっているが、その場所が極めて限定されていることも問題とされる。」として、この問題に対処するため、「傍受対象通信について、通信事業者の施設から暗号化して送付し、警察施設においてこれを傍受する際には、スポット傍受の機能を組み込んだ専用の傍受装置でこれを復号化することとした上、傍受の原記録は暗号化することにより、立会人がいなくても、傍受対象通信以外の通信の傍受ができず、また、傍受した通信の記録を改ざんできない仕組みとする」との提案がなされた。

「通信傍受の手続において立会人による立会いや傍受記録の封印が必要とされているのは、憲法上の要請ではなく、傍受の実施の適正を確保するためであると理解される。」とし、「立会人が立会いや封印を通じて果たすことが期待されているのは、傍受手続の外形的なチェック、つまり、傍受対象通信についての傍受が令状で指定された期間どおりに行われているか、該当性判断のためのスポット傍受が適正な方法で行われているか、傍受記録が適正に作成されているかなどの確認・担保であると考えられるところ、技術的措置を用いることによってこうした点についての不適正な行為を行い得ない状態が担保されるのであれば、立会人による立会い等の手続を必須のものとしなくても、傍受の実施の適正を確保することが可能と考えられる。」としている。

盗聴法制定時に小渕総理大臣がした約束は、見事に反故にされた。特に、令状の呈示等が憲法上の要請ではないとする点については、先に指摘した「告知と聴聞」という強制処分を行う場合の最低限の憲法要件を無視するものである。

(c)　該当性判断のための傍受の合理化

該当性判断のためのスポット傍受の手続については、スポット傍受の手続に加えて、「傍受の対象となる回線を用いてなされる全ての通信を一旦機械的に記録しておき、事後的にスポット傍受の方法による必要最小限度の範囲の聴取を行うこともできるとする仕組みを整備すること」が提案されている。要するに、該当性判断のために該当しない部分を含めて記録するというのであるから、犯罪に関わらない情報が多く保存されるということであって、プライバシー侵害は一層大きくなる。

(d) 会話傍受

「会話傍受については、①振り込め詐欺の拠点となっている事務所等、②対立抗争等の場合における暴力団事務所や暴力団幹部の使用車両、③コントロールド・デリバリーが実施される場合における配送物の三つの場面を念頭に置き、指摘される懸念をも踏まえて、その採否も含めた具体的な検討を行う。」とされている。

「複数の人が現在する以上、犯罪に関連しない会話がなされるはずであり、専ら犯罪に関する会話だけが行われている場所といった限定は困難であるという意見のほか、通信傍受の場合、傍受がなされるのは対象となる通信がなされている間だけであるのに対し、会話傍受の場合、一たび傍受機器が設置されると、その後無制約に傍受がなされるおそれもあるなど、通信傍受と対比してプライバシー侵害の内容や程度が大きいので、要件を相当程度厳格にしなければならず、慎重に検討する必要があるとの意見など」があり、「会話傍受については、具体的に提示された場面を念頭に置き、指摘される懸念をも踏まえて、その採否も含めた具体的な検討を行うこととする。」とされた。

(2) 拡大の三局面

このように、「基本構想」に示された当初の案では、三局面での拡大がもくろまれていた。すなわち、(a)量的拡大、(b)質的拡大、(c)手続的拡大である。このうち、最終案では会話盗聴が削除された。*1

しかし、(a)(c)はそのままである。

(a)　**量的拡大**

第一の量的拡大は、まず、盗聴対象の罪種の拡大である。改正前の法律では、盗聴の対象犯罪は、一応、薬物犯罪、銃器犯罪、集団的密航、組織的殺人の四罪種に限定されている。もっとも、それでも対象犯罪数としては、四〇に及んでいる。決して、少ない数ではない。法制審議会では、このうち、発動のない集団的密航罪を外し、①窃盗・強盗・詐欺・恐喝、②殺人、③逮捕・監禁、略取・誘拐、④その他重大な犯罪であって、通信傍受が捜査手法として必要かつ有用であると認められるものという、一般犯罪に対象犯罪を拡張する。最終案では、組織性を要件としたが、拡大の歯止めにはならない。むしろ、組織性を問題にすることによって、組対法との連動が明瞭になった。

(b)　**質的拡大**

会話盗聴は最終案では削られたが、復活してこない保証はない。[*2] プライバシー侵害の危険性という観点からは、罪種の拡大以上に問題視されるもので、今後の監視がなお必要である。

＊1　二〇一四年四月三〇日開催の特別部会第二六回会議に提出された事務当局試案から削除された。

＊2　「事務当局試案」に盛り込まなかった理由について、試案の説明を行った事務当局の幹事は、「会話傍受については、制度を導入することの必要性があり、プライバシーに対する制約の程度も限定できるとの御意見が示された一方で、『たたき台』に記載された制度案の内容では、プライバシーに対する制約の程度が大きいものとなりかねないとの御懸念も示されました。このような御議論の状況を踏まえ」、盛り込まなかったと述べている。議論が熟せば、やりたいということである。

(c) 手続的拡大

改正前には、盗聴の実施にあたっては、立会人が必要的となっていた。法案の段階では、常時の立会いを必要としないような案が提出されていたが、国会審議の中で、必要的となった。改正法では、立会人の確保が困難であるなどの事情から、立会人制度は完全に廃された。

立法当局者は、立会人制度は必ずしも憲法上の要請ではないから、立会人を抜いたとしても大きな問題はないと述べている。しかし、立会人制度は盗聴が適正に行われていることを保障するものであって、デュープロセスの制度的保障であり、憲法上の要請であるといえよう。本来、立会人には、違法な盗聴をチェックする権限が与えられるべきであって、違法盗聴の切断権を認められる必要があった。法律化の段階で、立会人にはそこまでの権限は付与されず、ただ外形上の確認だけを行うこととされた。

立会人がこのような形式的なものになっているのだから、機械に代えてもよいではないかと、立法当局はいうのであろうが、これは本末転倒である。立会人を弁護士にするなど、違法盗聴をチェックする実質的な役割を果たすような立会人制度にすることこそ、必要なことであって、より形式的にすることによって、盗聴によるプライバシー侵害を一層容易にするなどということは、もってのほかというべきである。

3　今回の改正の問題

(1)　立法事実があるか

従前の盗聴法については、警察側からはその活用が低調であるとして、法施行後二〇一一年までの実施状況表が二〇一二年五月二四日の特別部会第一〇回会議で提出された。しかし、そこには、実施件数、令状請求件数、発付件数が示されているだけで、運用が適正に行われているかについての検証資料が提出されたというのではない。令状が請求されて、実際に盗聴が実施されたケースは一六一分の六七と、三分の一強である。なぜ実施されなかったのかを示す資料は提示されていない。また、現実に盗聴が必要だったのか、不必要な盗聴が行われているのではないかという疑念を払しょくする資料の提示もない。この点は、盗聴の持っている基本的問題点にかかる。

活用されていないというのは、盗聴が必要でなかったということであろう。そうであるならば、さらに盗聴を拡大する立法事実はないことになる。

(2)　盗聴の対象犯罪の大幅拡大

アメリカの例を見ても、盗聴が捜査方法として認められた場合には、最初は対象犯罪を絞っていても、それが拡大していくのは、盗聴法提案時から懸念されていたことである。その懸念が現実化して、ついに一般犯罪にまで拡大された。振込め詐欺の捜査については、盗聴が有効であるというならば、これに限って盗聴を認めるということで、納得する人はいるであろう。しかし、例として挙がっているだけで、窃盗・強盗などの一般犯罪全体への拡大である。しかも、窃盗・強盗などが略取・誘拐などを手段とするとして、これらの罪も対象犯罪にした。この手法をもってすれば、まだまだ拡大するであろうことが、容易に予想される。そうした無限定な拡大に対する歯止めは用意されていない。

(3) 省力化のための手続簡易化

第一に、機械による盗聴の管理は、技術的にはできるだろう。また、暗号化によって外へ漏れる可能性も少ないことが予想される。しかし、問題はそこにあるのではない。権力の乱用に対するチェック機能をどう整備するかという点である。機械は人間のような監視機能を果たし得ない。これに対して、「現実の立会人はほとんど何も機能していない」という反論が出される。それは現在の立会人が有名無実となっているからである。むしろ、今検討すべきことは、立会人にチェック機能を果たさせるような仕組みの構築である。既述のように、弁護士を含む第三者機関を設けるという案もある。人によるチェックのないことは、盗聴の際の様子等による警察官の不適正な行為があったことを目撃する機会をなくし、事後救済の可能性を低くする。

第二に、すでに述べたように、該当犯罪に当たるか否かの判断は、その場で行うのではなく、記録されたものを警察署に持ってきて行うという。しかし、これは該当性判断という名の下、不必要な情報を記録することになる。野放図な盗聴の危険性があるとともに、機械的にとられた多くの情報の中から、該当する情報をピックアップするのであるから、その判断が厳密であるという保障がない。プライバシー侵害の危険性はターゲットとなった人物を超えて、無関係な人にまで及ぶ。

4　今後の問題

すでに指摘してきたように、「新しい刑事司法に即応した新しい捜査手法」という名目で被疑者・被告人の権利保障の後退傾向は顕著になった。盗聴についていえば、さらに対象範囲は拡大されるであろう。組織的詐欺への盗聴の拡大は、組対法上の罪種すべてに及ぶ可能性がある。

会話盗聴については、今回の改正では盛り込まれなかったが、一部の研究者・実務家には、会話盗聴は必須不可欠なものとして可及的速やかに法制度的に整備すべきであるという声がある。おそらく早晩、会話盗聴の法認を要求する提案が出てくるであろう。

現在は、有線による会話のやりとりよりも、携帯、インターネットによる情報交換が一般的である。いわゆるＧＰＳ捜査を促進する方向性が顕著になってくるであろう。

被疑者・被告人の権利侵害を超えて、一般の人のプライバシー侵害は急激に深まり、ふと気づくと、すべての個人情報は国の手の中にあるという事態は、もはや架空の世界のことではない。今回の盗聴の拡大は、まさにこの事態の到来が目の当たりにあることを知らしめてくれる法改正である。

（むらい・としくに　一橋大学名誉教授、龍谷大学名誉教授、弁護士）

コラム

警察の権限強化に歯止めはあるか

原田　宏二

1　はじめに

警察のでっち上げ捜査が明るみに出た志布志事件等を契機に高まった取調べの可視化を求める議論は、昨年五月の刑訴法等の改正で警察の取調べの可視化の対象を裁判員裁判対象事件の逮捕・勾留被疑者に限定した上、新たに、いわゆる「司法取引」、「刑事免責制度」等が盛り込まれたほか、通信傍受対象事件の拡大等が行われた。まさに、捜査機関の焼け太りという結果に終わった。

しかし、この結果も最近の警察の権限強化の動きからすれば当然ともいえる。

近時、法律学者や警察内部に警察公共の原則等の警察権の限界に関する考え方を否定する議論がある。それを裏付けるように、私生活に対する警察権行使は抑制的であるべきとする警察公共の原則を超えるいわゆる「ストーカー規制法」、「ＤＶ防止法」が制定されている。しかし、警察がストーカー事件で適切に対応しなかった事例が多いことは周知の事実だ。

行政警察・司法警察区分不要説や事前捜査積極説も浮上している。テロ・特殊詐欺・暴力団犯罪等の組織犯罪対策として、いわゆる「暴力団対策法」、「組織犯罪処罰法」、「テロ資金提供処罰法」、「犯罪収益移転防止法」、「通信傍受法」、「コンピュータ監視法」等が次々と制定された。さらに会話傍受と仮装身分捜査の導入も検討されている。伝えられるところでは、過去三回廃案になった「共謀罪」が、「テロ等準備罪」と名称を変えて通常国会に提出される。警察の権限強化は止まるところを知らない。

2 コンプライアンスを欠く警察捜査

警察法上、日本警察は基本的には都道府県警察だが、その実態は国の機関である警察庁が事実上支配する国家警察であり、筆者はこの現状こそが諸悪の根源であると考えている。

戦前、警察官は検察官の指揮の下、補助的な立場で犯罪捜査を行うとされていたが、一九四九年に施行された刑訴法で警察は独立した第一次捜査機関になった。

一九五三年、警察官の逮捕権の濫用を指摘する声が高まり、逮捕状の請求権者を公安委員会が指定する警部以上の者に限ることとされたほか、検察官が一般的指示を行うことができることなどの刑訴法の改正が行われた。その後、警察庁は「捜査力の強化」と「捜査の適正化」を図るとして、数次にわたって刑事警察の強化策を打ち出したが、依然としてえん罪事件や誤認逮捕等の不手際が続いた。

警察の取調べのあり方が厳しく問われる無罪事件等が続き、警察捜査に対する国民の信頼が大きく揺らいでいるとして、二〇一〇年二月、国家公安委員長の諮問機関として「捜査手法、取調べの高度化を図るための研究会」が設置された。その最終報告では、長期間・長時間にわたる追及的・強圧的な取調べなどの不適正な取調べ、証拠の吟味の不徹底、捜査主任官をはじめとする捜査幹部による的確な捜査指揮の欠如などが指摘された。

警察庁が毎年公表する警察職員の懲戒処分者数は、三〇〇～四〇〇人の高い水準で推移しているが、このうち「公文書偽造・毀棄・証拠隠滅等」による処分者が、二〇一二年六一人（全体の一三％）、二〇一三年四七人（一二％）、二〇一四年三七人（一二％）、二〇一五年二〇人（七％）にも上る。このほか懲戒処分に至らない処分が相当数あり、その中には「公文書取扱不適切」による処分者が多数含まれている。警察官の捜査の経過や結果はすべて、公文書である捜査書類に記録される。その公文書が恣意的に作成された事例や証拠品のずさんな管理も後を絶たない。

北海道警察では、二〇一五年一一月、交通違反の実況見分を行っていない同僚の名前で調書を作成したとして、交通機動隊の警部補ら三三人を虚偽有印公文書作成・同行使の疑いで書類送致した例、警察署の巡査長が二〇一五年一月までの一年五か月間、虚偽の反則切符四〇通を作成・行使したとして有罪判決を受けた例、薬物銃器対策課の警部補が、覚醒剤密売の仲介者の男から虚偽の供述調書を作成、捜索・差押許可状を請求、被疑者を逮捕した例など、虚偽公文書の作成等が続発している。

証拠品の管理では、二〇一四年九月には警視庁で窃盗事件等の証拠品や捜査書類等約一万点が約六〇警察署の倉庫等に放置されていたことが発覚、二〇一六年七月には、大阪府警で四〇年間にわたり殺人事件等の証拠品約八三〇〇点を警察署の倉庫等に放置していたことが発覚している。

こうした事例は、警察捜査がいかにコンプライアンスに欠けるかを物語っているが、こうした問題の背景には、大量退職に伴う経験不足の警察官の増加等による捜査力の低下、幹部枠の拡大による幹部警察官の資質の低下、不合理なノルマによる業務管理等を指摘することができる。

そして、深刻なことに警察をチェックするべきマスコミをはじめ、公安委員会、裁判所、検察庁等のほとんどの機関がことごとくその機能を失っている現状がある。まさに、警察が何でもできる時代がきているのだ。

3　警察が一部可視化と捜査手法の高度化に固執した理由

警察における取調べの可視化が、裁判員裁判対象事件の逮捕・勾留被疑者に限定された結果、それ以外の逮捕被疑者の取調べ、在宅被疑者の取調べは可視化の対象外となった。誘導的な取調べが行われやすいとされる参考人の取調べも対象外である。

警察が取調べの一部可視化と引き換えに捜査手法の高度化と称する司法取引等の権限強化に固執した最大の理由は、検挙活動の低迷である。

犯罪（刑法犯）の認知件数は、二〇〇二年に戦後最高（約二八五万件）を記録したが、以降、毎年一〇万件単位で減少を続け、二〇一五年中は約一〇九万件にまで減少した。検挙件数は、二〇〇三年から二〇〇七年にかけて六〇万件台で推移していたが、それ以降減少を続け、二〇一五年中は約三五万件まで減少し、戦後最少となった。検挙人員も一九九七年以降三〇万人台で推移していたが、二〇一二年から三〇万人を下回り、二〇一五年中は約二四万人にまで減少した。

検挙率は、昭和期にはおおむね六〇％前後の水準であったが、平成に入ってから急激に低下し、二〇〇一年には一九・八％と戦後最低を記録した。その後、二〇〇二年から二〇〇七年にかけて上昇し、それ以降はほぼ横ばいで推移し、二〇一五年中は三二・五％になった。

なお、警察統計については、様々な問題があり、必ずしも正確ではないことを念のため申し添えておく。

犯罪の検挙活動の低迷に加え、事件検挙の端緒の約三〇％前後を取調べによる自白に依存している警察にとっては、取調べの可視化によって検挙率が一層低下するとの危機感があった。そのため可視化の対象を最小限にとどめる必要があったのだ。

テロ・特殊詐欺・暴力団等の組織犯罪の検挙も低迷している。その主たる要因は組織犯罪の複雑・巧妙化、国際化等と情報収集の困難化である。そのため、捜査手法の高度化と称する司法取引や通信傍受対象犯罪の拡大等が必要だった。

オウム真理教による「松本サリン事件」、「地下鉄サリン事件」等の一連のテロは、情報不足がテロを未然に防止できなかったことが要因と指摘された。

警察庁は国際テロについて、現実に我が国の権益や邦人がテロの標的となる事案等が発生していることから、日本国内においてＩＳＩＬ等の過激思想に影響を受けた者によるテロが発生する可能性は否定できないとし、テロを未然に防止するためには、幅広い情報収集と的確な分析が不可欠としている。

公安警察の最大の任務は、対象団体や人物を監視し、対象組織内にスパイを獲得することにある。その実態が二〇一〇年一〇月にネットワーク上に流出した警視庁公安部外事第三課の国際テロ組織に関する公式文書一一四点のデータで明らかになった。これには捜査対象者やスパイとされた在日イスラム教徒の個人情報、中東の在日大使館員の口座記録等が含まれていた。

振り込め詐欺などの「特殊詐欺」の認知件数は、二〇一〇年中には減少したものの、その後は増加を続け、二〇一五年中は認知件数一万三八二四件（被害総額約五〇〇億円）、検挙件数四一一二件、検挙人員は二五〇六人となっている。特殊詐欺の検挙人員のうち、暴力団構成員等は八二六人で特殊詐欺の検挙人員全体の三三・〇％を占めており、特殊詐欺が暴力団の資金源となっている状況がうかがわれる（平成二八年警察白書）。しかし、その組織の実態は解明されず、全体の検挙率は二九・七％にとどまっている。

警察が暴力団の壊滅を標榜してから久しい。暴力団対策法、暴力団排除条例等が施行されたことなどにより暴力団構成員等の数は、二〇〇五年対比で三八％も減少し、対立抗争事件も減少した。鳴りを静めたように見えた暴力団情勢も二〇一五年八月、日本最大の暴力団である六代目山口組が分裂し、以来、全国各地で八六件の抗争事件が起きている。

暴力団犯罪の摘発も、二〇〇五年対比で二〇一五年中の検挙人員は二四・〇％、覚せい剤等の主要資金源犯罪の検挙人員は二一・六％、拳銃の押収数は五七・二％も減少している。

この背景には、山口組側が警察への対決姿勢を強め、「警察官と接触しない」等とする「三ない主義」を打ち出したことなどで、従来の手法による情報収集が通用しなくなったことが挙げられる。現場の警察官による情報収集をめぐる不祥事も後を絶たない。

4　一部可視化で予想される違法捜査

筆者の試算によると二〇一五年中に警察が刑法犯、特別法犯、交通事故事件、道路交通法（反則事件は除く）で取り調べた人員のうち、裁判員裁判の対象事件の被疑者は〇・一一％にすぎない。つまり、警察が取り調べる被疑者の九九％以上は可視化の対象にならない。これでは、警察署の留置施設に、被疑者・被告人を長期間にわたって拘束し、警察官が取り調べる制度が残されている以上、警察の自白偏重捜査は何も変わらないだろう。

そこで、一部可視化でどんな事態が予想されるかを検証してみよう。

(1)　任意同行と叩き割り

過去のえん罪の多くは取調べを目的とする任意同行から始まっている。任意同行は、通常、数人の警察官が自宅等を訪れ警察署などへの同行を求める形で行われる。法的な根拠は、刑訴法一九八条（被疑者の出頭要求・取調べ）である。当然のことながら出頭拒否、出頭後いつでも退去できる。任意であるから、相手の承諾が必要だが、警察官は、相手側の無知に乗じて承諾を求めることはない。

有名なえん罪事件の志布志事件では、任意同行による取調べが一〇回以上に及んだ人も大勢いる。

中には、逮捕されるまで二三回に及んだ人もいる。回数だけを見ても任意の承諾があったといえない。最近では、任意同行を求めると同時に強制捜査（捜索・差押え）を行うケースも見られる。強制捜査を伴う任意同行は事実上の強制連行だ。

任意同行の先は警察署等の取調室だ。ここで行われるのは追及的・強圧的な「叩き割り」[*1]と称する任意取調べである。任意の取調べだから可視化の対象外であり、こうした取調べは「事情聴取」と称し、被疑者ではないという理由から供述拒否権も告げない。

(2) 別件逮捕

別件逮捕とは、勾留中に本件の殺人等の重要事件（本件）を取り調べる目的で、軽微な別事件で逮捕することをいう。

布川事件（一九六七年茨城県で発生した強盗殺人事件）では、茨城県警察は男性二人を軽微な窃盗と暴力行為の容疑で逮捕、強引な取調べで自白させ本件の強盗殺人容疑で逮捕した（二〇一一年六月、再審無罪確定）。

最近の事件では、栃木小一女児殺害事件（二〇〇五年一二月、栃木県今市市〔現日光市〕の小学一年生

*1 「叩き割り」＝定義はないが、殺人等の捜査本部事件の捜査で、有力容疑者が浮上したものの逮捕状を請求するだけの証拠がないときに、取調べで自白させて逮捕する手法。見込み捜査ともいう。マスコミでは〝重要参考人からの事情聴取〟ともいう。

の女児が行方不明となり、茨城県常陸大宮市の山林で刺殺体となって発見された事件）がある。この事件では、栃木県警察は、現場に土地勘があり、Ｎシステムの記録などから浮上した男性を二〇一四年一月二九日、母親とともに別件の商法違反の疑いで逮捕した（二月一八日起訴）。この男性は六月三日に殺人で逮捕され、二四日に起訴された。

この事件は、捜査段階における自白以外に客観的な証拠がないとされたが、宇都宮地裁の裁判員裁判で裁判長は男性に無期懲役の判決を言い渡した（男性は控訴中）。男性の取調べの約八〇時間が録音・録画され、公判ではうち約七時間の映像が再生され、それが有罪の決め手となったとされる。

今市警察署の留置施設に勾留された男性は、別件逮捕から殺人事件で起訴された六月二四日まで一五二日間にわたり三人の警察官の取調べを受けたが、録音・録画されたのは、六月三日に殺人容疑で逮捕された以降の一部の取調べだけだった。

弁護団側は、警察官の取調べに暴行、脅迫、利害誘導等があったと主張、公判では警察官の取調べの映像（約五〇分）が再生された。しかし、これには弁護団側が主張するような違法な取調べの場面はなかったとされる。証人出廷した警察官は当然のことながら違法な取調べはなかったと証言した。警察の取調べの実態は闇の中だ。

(3) 参考人の取調べ

事件の目撃者・被害者等の参考人や共犯者の供述が、警察にとって都合がよい内容に捻じ曲げられたり、被害者の供述を鵜呑みにし、吟味を怠ったケースは枚挙に暇がないほどある。

布川事件の水戸地裁の再審裁判では、目撃証人の初期供述等が捜査当局の都合によってことごとく誘導され、歪められていることが明らかになった。

二〇〇八年五月の舞鶴女子高生殺害事件の控訴審で、大阪高裁は「現場近くに被疑者と被害者がいたという目撃証言の信用性には疑いが残る」として一審判決の無期懲役を破棄し無罪判決を言い渡した（二〇一四年七月、最高裁確定）。

二〇〇八年に京都市の飲食店で店員女性にわいせつな行為をしてけがをさせたとして、強制わいせつ致傷罪に問われ、一審の京都地裁の裁判員裁判で懲役一二年とされた会社員の男性についての大阪高裁控訴審判決（二〇一五年二月）は、「被害者証言には変遷があり、負傷状況と証言との整合性が高いとは言えない」とし無罪を言い渡した。

二〇〇四年と二〇〇八年に当時一〇代の女性に対する強姦等の罪に問われ、懲役一二年の刑が確定した大阪の男性の事件で被害女性の供述が虚偽だったことが明らかとなり、二〇一五年一〇月、大阪地裁の再審判決で男性の無罪が確定した。検察側は「虚偽を見抜けなかった」と謝罪した。

(4) 自前録音等の勧め

刑訴法等の一部を改正する法律案に対する附帯決議では、裁判員裁判の対象事件以外の逮捕被疑者、在宅被疑者、参考人の取調べの録音・録画についても、「人的・物的負担、関係者のプライバシー等にも留意しつつ、できる限り行うように努めること。」となっている。市民が警察官の取調べを受ける事態に遭遇したときには、自己防衛の観点から積極的に録音・録画を要求し、自前の録音を行うべきである。

しかし、多くの市民は警察に無関心だ。多くのえん罪被害者がそうであるように、自分が警察官から理不尽な扱いを受けてはじめて警察捜査の正体を知る。それでは遅いのだ。警察の違法捜査から身を守るためには、必要最小限の権利を知り、警察官の取調べなどに毅然と対応するべきである。詳しくは『警察捜査の正体』（講談社現代新書、二〇一六年）の終章「市民のためのガイドライン」に書いた。ぜひ、お読みいただきたい。

5 事実上の司法取引は警察捜査の常とう手段

組織犯罪の解明等を目的として新たに創設された「司法取引」については、虚偽供述等を生みえん罪を引き起こす要因になるおそれがあるなどから創設に反対する意見も多かった。

警察は過去にも事実上の司法取引を常とう手段にしてきた。司法取引の制度は警察にそのお墨付きを与えたようなものだ。

被疑者取調べ適正化のための監督に関する規則（平成二〇年四月三日国家公安委員会規則第四号）三条二項で、被疑者取調べに際し、当該被疑者取調べに携わる警察官が、被疑者に対して「便宜を供与し、又は供与することを申し出、若しくは約束すること。」を監督対象行為として禁止している。逆に言えば、これまで、警察官は取調室において「自白すれば、すぐ釈放する、起訴されない、刑が軽くなる」などと告げ、被疑者の自白を引き出すのが常態化していたことを示している。

取引は取調室だけで行われるものではない。これまでも暴力団の対立抗争事件などでは抗争の手打ちを条件に実行行為者を拳銃持参で自首させ、実行を指示した幹部を見逃すといった取引を行ってきた。

平成の刀狩（一九九二年から始まった警察庁主導の拳銃摘発キャンペーン）では、一九九三年に改正された銃刀法の自首減免規定（銃砲刀剣類所持等取締法三一条の五）を濫用して、暴力団関係者等と取引し、拳銃を駅のコインロッカーなどに入れさせ、所有者は検挙しないで拳銃だけを押収するといった「首なし拳銃」の摘発が横行した。

司法取引等の法制化により、検察官や弁護人の目の届かないところで、警察官による事実上の司法取引等が行われることは目に見えている。

6　危険な通信傍受法の改正

法務省による通信傍受の実施状況等（二〇一五年中）によると、傍受令状の発布は覚せい剤取締法違反一九件、麻薬特例法違反一七件、逮捕者九九人となっている。今回の通信傍受法の改正で、通信傍受の対象犯罪が薬物犯罪等四類型に加えて窃盗、強盗、殺人等一四類型の犯罪が追加された。当然のことながら、傍受令状の発布は飛躍的に増加することは確実だ。

通信傍受の対象となる「通信」は、電話（固定電話・携帯電話）のほか、「その他の電気通信」（電子メール、ＦＡＸ）も含まれる。コンピュータについては、二〇一一年七月に施行された「コンピュータ監視法」(情報処理の高度化等に対処するための刑法等の一部を改正する法律)がある。国民のあらゆる通信は捜査機関により監視されることになった。

裁判官の令状請求に対する却下率は、逮捕状で〇・〇六%、捜索・差押令状状で〇・〇七%にすぎない。傍受令状の却下率は不明だが、傍受令状請求権者が警視以上であっても、「補充性」(他の方法では、犯人の特定や犯行状況等を明らかにすることが著しく困難なとき)や新たに付加された「一定の組織要件」(犯罪があらかじめ定められた役割分担に従って行動する人の結合体により行われたと疑うに足りる状況)は、極めて抽象的であり、その疎明は警察官の恣意的な捜査報告書で行われる可能性がある。警察官の公文書の作成の実態は先に指摘したとおりだ。

今回の改正で、これまで通信事業者の施設で行われていた通信傍受は、警察施設で行われることになり、通信事業者による立会い・傍受原記録の封印も不要になった。立会いについては、運用上、捜査に関係していない警察官が行うこととされたが、これは茶番としか言いようがない。いずれにしても警察にとって通信傍受が一層やりやすくなったことは間違いない。特に、「テロ等準備罪」が成立すれば、その捜査に利用されるだろう。

7　おわりに

警察の権限強化が進む中で、警察の現場では、警察法二条(警察の責務)を根拠とする個人情報の収集、捜査関係事項照会(刑訴法一九七条二項)の濫用といった任意捜査の限界を超える捜査手法が多用されているほか、在宅被疑者からの指紋採取や写真撮影、監視カメラ映像の利用、GPS発信機による尾行、DNAデータの採取といった法的根拠を欠く違法な捜査手法が罷り通っている。

いわば警察の現場では、グレーゾーン捜査、違法捜査が当然のことのように行われている。こうした風潮こそが警察捜査のコンプライアンスの欠如を生み出し、えん罪の要因となっている。警察が権限強化を求めるならこうした風潮を是正しなければならない。警察の暴走に歯止めをかけるためには、捜査と情報収集の関係を明確にした上、任意捜査による個人情報の収集を禁止し、捜査のために必要なときには、裁判官の発する令状が必要な旨を明記した「犯罪捜査における個人情報の収集に関する法律」（仮）の制定も必要だ。

（はらだ・こうじ　元北海道警警視長・釧路方面本部長）

Ⅳ

残された課題

——改革の原点に立ち戻る

8 被疑者の身体拘束制度
――残された改革課題

葛野 尋之

1 残された改革課題としての被疑者の身体拘束制度

二〇一六年刑訴法改正は、被疑者取調べの録音・録画を制度化した点において積極的意義を有している。[*1] たしかに、改正法においては、録音・録画の義務化対象事件が大きく限定されたばかりか、供述獲得の困難を理由とする録音・録画義務の例外が曖昧かつ広汎に認められ、さらに義務履行の担保措置も十分なものとはいえない。また、録音・録画の広がりの中で、実質証拠としての記録媒体の利用、録音・録画された被疑者の供述態度を基にした自白の信用性の印象的・直観的判断（今市事件について、本書3・小池論文参照）など、新たな問題も生じている。しかし、録音・録画の制度化が、取調べ状況の客観的・直接的記録による自白の任意性の正確な認定を可能にし、これを通じて取調べの適正化に寄与するであろうことも、またたしかである。実際、録音・録画の実務的広がりによって、捜査官の暴行・脅迫による自白強要が顕著に減少したとも指摘されている。[*2]

その反面、改正法においては、重要な意義を有する改革課題について、全く進展が見られなかった。その改革課題とは、被疑者の身体拘束制度である。[*3] 被疑者の身体を強制的に拘束する処分としての逮捕・勾留は、身体の自由という重要な権利を奪うものであるとともに、身体を拘束された状態において、被疑者の防御権の行使は事実上制約を余儀なくされる。また、身体の拘束と被疑者の取調べとが結びつくとき、暴行・脅迫、執拗な誘導などあからさまな自白強要がなくとも、被疑者を自白へと追い込む圧力が生じる。被疑者の黙秘権ないし供述の自由が危険にさらされるといってもよい。被疑者の身体拘束制度が重要な改革課題であるというのは、これらのことからである。たしかに、被疑者に

＊1　葛野尋之『刑事司法改革と刑事弁護』（現代人文社、二〇一六年）一四九頁以下参照。

＊2　小坂井久「『取調べ可視化批判論』批判」季刊刑事弁護八八号（二〇一六年）一〇二頁は、このことの直接の原因は、二〇〇八年制定の国家公安委員会規則たる「被疑者取調べ適正化のための監督に関する規則」であり、取調べ録音・録画の効果は間接的であったと指摘する。取調べ状況の客観的記録が、「目に見える」不適正な取調べを抑制する効果を有していることに疑いはなかろう。

＊3　法制審・特別部会の審議状況、取りまとめ結果などについて、前田裕司「身体拘束に関する現状と制度改革の課題」自由と正義六六巻三号（二〇一五年）三六頁、青木和子「法制審特別部会の議論から考える『人質司法』脱却への道」同四一頁など参照。これらをめぐる理論的検討として、「〈特集〉被疑者・被告人の身柄拘束の在り方」刑事法ジャーナル四〇号（二〇一四年）四頁、緑大輔「被疑者・被告人の身体拘束」法律時報八六巻一〇号（二〇一四年）三七頁、大澤裕「被疑者・被告人の身柄拘束のあり方」論究ジュリスト一二号（二〇一五年）八八頁など参照。

ついての勾留請求却下率は、被告人の保釈率とともに、近年、顕著に上昇している。実務の変化に沿う方向において、最高裁も、勾留および保釈の判断について厳格な姿勢を示している。[*4] しかし、これらによって、問題がすべて解決するわけではない。

本稿は、以下、「新時代の刑事司法制度」の中で被疑者の身体拘束制度の改革がどのような位置を占めているかを確認した上で、法制審・特別部会が取り上げた論点を検討する。さらに、被疑者の身体拘束制度をめぐりどのような改革課題が残されているかを示し、改革の方向性を明らかにする。

2 「新時代の刑事司法制度」と被疑者の身体拘束制度

(1) 身体拘束と自白圧力の除去

法制審・特別部会は、二〇一一年六月二九日に始まった審議の中間総括として、二〇一三年一月二九日の第一九回会議において、「時代に即した新たな刑事司法制度の基本構想」(以下、「基本構想」という)を取り纏めた。この「基本構想」においては、「被疑者・被告人の身柄拘束の在り方」という項目が、「取調べへの過度の依存を改め、証拠収集手段を適正化・多様化するための方策」の一つとして掲げられていた。

「基本構想」の眼目は、「精密司法」として確立した日本独自の刑事手続の中に生じた「ひずみ」を解消することにあった。[*5] そのひずみとは、「取調べ及び供述調書への過度の依存」により、公判中心主義が形骸化し、取調べの結果作成された供述調書を通じて、刑事裁判の帰趨が事実上捜査段階で決着することであり、その中で、無理な取調べの結果得られた虚偽の自白調書が誤判の原因となり、また、捜査段階において「真相解明」の目的が絶対視されるあまり、適正な手続が確保されず、無理な取調べを許す構造が生じたことである（第2）。

このようなひずみを解消するためには、取調べへの過度の依存から脱却し、証拠収集手段を適正化することこそが最重要課題である。「身柄拘束の在り方」の改革も、取調べの録音・録画などと並んで、この中に位置づけられている（第2・1）。法制審・特別部会の審議においては、警察、検察、裁判所出身の委員を中心に、身体拘束に関する現行法の要件に問題はなく、運用も適正であるとする現状認識が繰り返し示される一方、「一たび身柄拘束がなされると、公訴の提起前はもとより、公訴の提起後も、必ずしも身柄拘束が不可欠とは思われない場合についてまで身柄拘束が行われており、そもそも身柄拘束の負担が被疑者にとって大きいことに加え、特に否認している場合には、なかなか身柄拘束が解かれない実態があるため、それが被疑者の自白に向けられた不当な圧力として機能する結果となっている」との意見が、「基本構想」においても示された。「基本構想」は、このような文脈において、身体拘束が自白に向けた不当な圧力とならないような適切な運用を担保するための検討課題を提示した（第3・1(4)）。その検討課題とは、第一に、勾留と在宅との間に位置する中間的処分の新設であり、第二に、身体拘束の適正な運用を担保するための指針規定の新設である。

＊4　最決平成二六・一一・一七裁時一六一六号一七頁、最決平成二六・一一・一八刑集六八巻九号一〇二〇頁。
＊5　葛野・前掲＊1七頁以下参照。

(2) 身体拘束の現状認識をめぐる対立

法制審・特別部会においては、身体拘束制度の改革自体の必要性をめぐり、意見が鋭く対立した。それは、制度運用の現状について、全く異なる認識が存在したからである。

中間的処分と指針規定の新設に積極的な立場は、「基本構想」においても示されていたように、逮捕・勾留に関する要件の認定に厳格さが欠け、その結果、本来ならば身体拘束されるべきでない被疑者・被告人が拘束されているという現状認識を前提としていた。これに対して、これらの新設に消極的な立場は、逮捕・勾留は適正に運用されており、問題のある事例があったとしても、それは稀な例外にとどまるとの現状認識を有していた。積極的立場は、無罪となった被告人が長期間拘束された例を挙げるなどして、運用の問題点を指摘した。しかし、消極的立場は、制度改革の必要を示す「立法事実」を具体的・実証的に提示するよう繰り返し求め、結局、両者の間で現状認識の溝は埋まらなかった。

このような現状認識における対立に加え、逮捕・勾留された被疑者の取調べ受忍義務の存否、否認・黙秘と罪証隠滅の可能性の認定との関係など、困難な理論的問題も存在したことから、身体拘束制度をめぐる有意義な改革は実現しなかった。今回改正された規定の中に、被疑者の身体拘束に関する規定は全く存在せず、被告人の身体拘束に関連する規定として、裁量保釈の判断にあたり裁判所が考慮すべき事情を示した規定が置かれたのみであった。[*6] しかも、二〇一四年七月九日（第三〇回会議）に法制審・特別部会が発表した「新たな刑事司法制度の構築についての調査審議の結果」の「附帯事項」においては、裁量保釈の考慮事項に関する規定を置くことが「現行法上確立している解釈の確認的な規定として掲げているものであり、現在の運用を変更する必要があるとする趣旨のものではない」ことが明記された。

現状認識の溝を埋めるためには何が必要であったのか。法制審・特別部会の審議経過を見ると、異なる立場の実務家が自らの現状認識を提示し合い、それを衝突させても、溝を埋めるための建設的議論にはつながらないようである。イギリスにおいてかつて一九八四年警察・刑事証拠法を制定する際に行われたように、立法担当機関が自ら綿密な調査を行うことに加え、外部の個人・団体に広く運用状況に関する資料の提出を呼びかけ、また、公平な立場にある専門家のチームに調査を委託し、必要十分な調査権限を与えた上で、徹底した調査を実施させ、それらの調査結果をもって「立法事実」を確定することが有用であろう。[*7] 調査結果の信頼性は、科学的妥当性が認められる調査方法が用いられることに加え、調査過程の透明性を確保し、実施者において説明責任を尽くさせることによって保障されるであろう。

＊6　裁量保釈に関する刑訴法九〇条が、次のように改められた。「裁判所は、保釈された場合に被告人が逃亡し又は罪証を隠滅するおそれの程度のほか、身体の拘束の継続により被告人が受ける健康上、経済上、社会生活上又は防御の準備上の不利益の程度その他の事情を考慮し、適当と認めるときは、職権で保釈を許すことができる」。傍線部分が挿入された。

＊7　井上正仁＝長沼範良「イギリスにおける刑事手続改革の動向（一～四）」ジュリスト七六五号（一九八二年）八二頁・七六六号（一九八二年）九七頁・七六九号（一九八二年）一一四頁・七七〇号（一九八二年）一〇〇頁参照。

3　中間的処分の新設

ったこと。これは、中間的処分のないことが安易な被疑者の身体拘束の原因となっているとの認識に由来していた。

(1)　中間的処分の性格と起訴前保釈の可能性

「基本構想」が示した具体的検討課題の第一は、勾留と在宅の間の中間的処分を新設することであった。これは、中間的処分のないことが安易な被疑者の身体拘束の原因となっているとの認識に由来していた。

起訴前保釈の制度化という意見に対しては、特別部会の審議において、被疑者勾留の期間が原則一〇日と「短期間」であるからこそ、現行法には保釈制度が存在しないとの見解が表明されていた。たしかに、刑訴法制定時、起訴前保釈が否定された最大の理由はそのことであろう（刑訴法二〇七条一項ただし書）。しかし、現在、立法的改革を構想するにあたり、そのような理由から起訴前保釈を否定し続けることには疑問がある。基本的人権の尊重を基本原則とする憲法の下、身体の自由の重要性についての社会的コンセンサスは、刑訴法制定当時に比べ格段に高まった。もはや、最長二〇日間に及ぶ勾留が、それ自体として短期間であるとはいえまい。[*8] 市民的及び政治的権利に関する国際規約（以下、「国際自由権規約」という）九条三項は、「刑事上の罪に問われて逮捕され又は抑留された者は、裁判官又は司法権を行使することが法律によつて認められている他の官憲の面前に速やかに連れて行かれるものとし、妥当な期間内に裁判を受ける権利又は釈放される権利を有する」と規定しており、この文言からしても、保釈を受ける権利は、逮捕後、被疑者が裁判官の面前に引致されて、身体拘束が完全な司法的コントロール下におかれたとき、すなわち勾留質問の時点から保障されていると理解すべきであろう。そして、不必要な身体拘束を回避するために、裁判官が勾留の決定と同時に保釈の許否を判断するという手続がとられるべきである。たとえばイギリスにおいては、一九七六年保釈法の下、そのような手続がとられている。後述するように、勾留決定手続を「対審化」することにより、裁判官において勾留の決定と保釈の許否を同時に判断することが可能になるであろう。*9

中間的処分は、勾留を抑制するための代替処分として想定されている。起訴前勾留の保釈であれば、勾留の判断が前提となるから、勾留の理由・必要性が要求される。しかし、「基本構想」において中間的処分は勾留から独立したものとして位置づけられており、その場合、身体の自由を制約する程度が相対的に低いことから、勾留の場合より一段低い理由・必要性によっても、その処分が正当化されることになるとの意見もあり得よう。本来、中間的処分を勾留の代替処分として有効に機能させるためには、勾留と同程度の理由・必要性が必要というべきである。起訴前勾留に対する保釈制度ではなく、勾留から独立した中間的処分を構想する際、法律の規定においてだけでなく、その運用の中で、このことをどのように確保するのかが問題となろう。勾留から独立した中間的処分という構想に内在する問題である。

*8　川出敏裕「身柄拘束制度の在り方」ジュリスト一三七〇号（二〇〇九年）一一四頁。
*9　葛野尋之『未決拘禁法と人権』（現代人文社、二〇一二年）五四頁。

(2) 罪証隠滅の防止

中間的処分の新設に対しては、捜査段階では「証拠収集を終えている起訴後の段階と比べて罪証隠滅の余地が大きく、一たび罪証隠滅がなされると取り返しがつかない事態となりかねないから、捜査に重大な支障を生ずることとなる」との懸念が示された。たしかに、捜査段階において罪証隠滅の余地が相対的に大きいことは否定できないであろう。これに関連して、逃亡の防止の場合とは異なり、保釈保証金のような経済的制裁によっては罪証隠滅を防止する効果をあげることはできず、刑訴法八九条一項四号が罪証隠滅の危険を権利保釈の除外事由としているのもそれゆえであるとする見解がある。[*10] さらに、特定人との接触禁止など、現行の保釈条件に相当する行動制限を課した上で、それと経済的制裁とを組み合わせたとしても、罪証隠滅を防止する効果はなお限定的なものでしかないともいわれる。[*11]

中間的処分の提案においては、罪証隠滅を防止するための行動制限が課された場合、被疑者がそれに重大に違反したときは、中間的処分が取り消され、勾留が命じられるものとされていた。罪証隠滅の防止のために、勾留による身体拘束の威嚇力が働くのである。中間的処分の対象者は、もともとは勾留されるべきはずの人だったのだから、勾留されたとしても新たな不利益は小さいという見方もあろう。しかし、中間的処分によって身体の拘束を免れていたのであるから、新たな勾留によって現実的に身体の自由が剥奪されることの不利益は、決して小さいとはいえまい。身体拘束の威嚇力を過度に低く見積もるべきではない。

もっとも、罪証隠滅の可能性が抽象的・観念的な「おそれ」として認定される限り、それを防止するための行動制限を具体的に設定することはできず、したがってその遵守を確保することも困難となろう。この場合、たしかに行動制限によっては罪証隠滅の防止効果を十分期待できないということになる。

しかし、身体の自由を剥奪する処分としての勾留が正当化されるためには、本来、罪証隠滅の可能性は具体的根拠に基づく現実的可能性として認められなければならないはずである。どのような証拠に対して、どのような方法による隠滅行為の現実的可能性が存在するのかが、客観、主観両面において具体化されなければならない。そのときであれば、さまざまな行動制限によって、その防止の効果をあげることも相当程度可能であろう。実際、たとえばイギリスにおいては、証人威迫、証拠破壊などを含む司法運営妨害の危険が勾留理由とされているが、その危険の認定が具体的・現実的なものとして要求されており、その上でさまざまな行動制限を付した保釈が積極的に許可されている。罪証隠滅を防止をするために、どのような行動制限が必要とされ、許容されるかについて、電子監視の導入の是非を含め、保証金に代わる保釈条件の多様化、あるいは中間的処分の内容の具体化という文脈において検討が進められるべきであった。*12

＊10　平野龍一『捜査と人権』（有斐閣、一九八一年）二三頁、豊崎七絵「『身体不拘束の原則』の意義」福井厚編『未決拘禁改革の課題と展望』（日本評論社、二〇〇九年）二七頁。

＊11　豊崎七絵「『身体不拘束の原則』の意義」福井厚編『未決拘禁改革の課題と展望』（日本評論社、二〇〇九年）二九頁。豊崎論文は、保釈や中間的処分の活用ができないことから、むしろ罪証隠滅の危険を勾留目的とすることが「身体不拘束の原則」に適合しないとする。

(3) 取調べのための出頭確保

中間的処分の新設をめぐっては、捜査機関所属の委員から、取調べ等のための被疑者の出頭を十分に確保する必要があるが、そのような仕組みを設けることができるのかという懸念も示された。この点における対立が、身体拘束制度の運用に関する現状認識の不一致と相俟って、中間的処分の提案を頓挫させたといえよう。

現行法上、被疑者が逮捕・勾留されていなければ、取調べのための出頭や取調室への滞在を強制されることはあり得ず、出頭後もいつでも退去することができる（刑訴法一九八条一項）。他方、被疑者が逮捕・勾留されている場合、捜査実務においては、「但し、被疑者は、逮捕又は勾留されている場合を除いては、出頭を拒み、又は出頭後、何時でも退去することができる」と定める同規定ただし書の反対解釈を根拠にして、取調室に出頭・滞在する義務が課されている。被疑者が取調室に出頭・滞在するのは取調べを受けるためであるから、出頭・滞在義務は、取調べ受忍義務ともいわれる。中間的処分において出頭確保措置を設けるべきとする立場は、中間的処分に付された被疑者についても、勾留されている場合と同様、受忍義務を課した取調べを可能にすべきだと考えたのである。

中間的処分を新設した場合、出頭確保措置として、警察署その他捜査機関への出頭を超えて、取調室への出頭・滞在を義務づけ、取調べを強制することは許されるのか。許されないというべきであろう。取調べ受忍義務を肯定することは、逮捕・勾留された被疑者について同様の義務が認められることを前提とする。たしかに、捜査実務はそのような立場をとる。しかし、逮捕・勾留された被疑者についての取調べ受忍義務の存否は、刑訴法上、最大の争点の一つであり、学説の多数はこれを否定している。それは、次のような理由からである。

第一に、被疑者は包括的な黙秘権を保障されている（刑訴法一九八条一項）。これは、憲法三八条一項による自己負罪拒否特権の保障に基づくものである。取調室への被疑者の出頭・滞在を義務づけ、取調べを続けることができるとするならば、それは取調べを強制することにほかならず、実質的に見て供述を強要する効果が生じる。強制された取調べの中で、被疑者に対して自白するよう「説得」が続けられるとき、自白への強い圧力が生じ、被疑者は往々にして自白を余儀なくされる。取調べ受忍義務を認めることは、被疑者に対する黙秘権の保障の趣旨に反するのである。第二に、刑訴法における逮捕・勾留の目的は取調べではない。逮捕・勾留は、あくまでも被疑者の逃亡または罪証隠滅を防止するための処分として許されている（刑訴法一九九条二項・二〇七条一項・六〇条、刑訴規則一四三条の三）。逮捕・勾留の効果として、被疑者に取調べのために取調室に出頭・滞在する義務を課すことができるとすることは、逮捕・勾留の法定の目的と整合しない。第三に、捜査機関が被疑者に対し取調べを強制できるとすることは、刑事手続における被疑者の基本的地位に適合しない。被疑者は、捜査機関による捜査・取調べの単なる客体ではない。捜査手続においても、被疑者は無罪推定の法的地位を承認され、包括的黙秘権を保障される刑事手続の主体である。取調べの強制を認めることは、被疑者を捜査機関に従属する捜査・取調べの客体の地位に置くことになる。

＊12　それゆえ、権利保釈の除外事由から被告人の罪証隠滅の可能性（刑訴法八九条四号）を削除することの可能性も問題になる。

逮捕・勾留された被疑者の取調べ受忍義務については、実務を支配する肯定論に対して、このように否定論も有力である。最高裁判例は、取調べ受忍義務を課したとしても、そのことが直ちに憲法三八条一項の自己負罪拒否特権の侵害になるわけではないと判示したものの、積極的にこの義務を肯定したわけではない[*13]。それにもかかわらず、逮捕・勾留された被疑者に取調べ受忍義務があることを前提として、中間的処分において取調べのための出頭確保措置を用意すべきとする提案を認めることはできない。取調べ受忍義務が、実質的に見たとき、身体拘束と取調べを結合させることによって、被疑者に自白を強いる圧力を生み出していることを考えるならば、取調べの適正化に向けた身体拘束の在り方の見直しという刑事司法改革の趣旨にも反するであろう。

かりに逮捕・勾留された被疑者について取調べ受忍義務が認められることを前提とした場合でも、中間的処分において出頭確保措置を設けることには疑問が提起されている。すなわち、被疑者に取調室への出頭・滞在を義務づけることは、必然的に、被疑者の身体の自由ないし行動の自由を制約することになる。勾留と異なり、中間的処分は、被疑者の身体を拘束しない、すなわち身体の自由の制約を回避するための処分として提案された。そのような中間的処分について、取調べのための出頭確保措置を設けるべきとすることは自己矛盾だとされるのである[*14]。

ところで、捜査機関側は、中間的処分における出頭確保措置に強く執着し、これが認められない限り中間的処分の提案自体を拒否するとの姿勢を貫いた。もともと、中間的処分の提案は、捜査・取調べの便宜にも配慮して、処分継続期間を最長二か月と設定していた。しかし、捜査機関側は、あくまでも出頭確保措置を設け、被疑者に対して取調べ受忍義務を課した取調べが可能となることを、中間的処分の新設の絶対的条件とする立場をとったのである。このことは、捜査機関が、受忍義務を課した上での被疑者取調べをいかに重要視しているかを示すものであろう。[*15] 逆に、出頭確保措置に消極的な立場は、被疑者に対して受忍義務を課し、取調べを強制することが、自白強要の圧力を生むことを強く懸念していた。このような立場の対立が、中間的処分の具体化を阻んだのである。

4　適正な運用指針となる規定の新設

(1)　無罪推定の法理と身体不拘束の原則

「基本構想」が第二の検討課題として挙げていたのは、「身柄拘束に関する適正な運用を担保するための指針となるべき規定」の新設であった。運用指針規定の新設という提案も、逮捕・勾留の運用が厳格さを欠き、安易な身体拘束が行われているとの現状認識を基礎にしていた。しかし、現状認識においてこれと正面から対立する立場も強く、両者の間の溝が埋まらなかったのは、上述のとおりである。運用指針規定の新設が見送られたのも、そのことに起因する。

＊13　最大判平成一一・三・二四民集五三巻三号五一四頁。
＊14　豊崎七絵「取調べ受忍義務否定説の理論的基礎」『福井厚先生古稀祝賀論文集　改革期の刑事法理論』（法律文化社、二〇一三年）一一六頁以下参照。
＊15　緑・前掲＊3三九頁。

被疑者・被告人は、有罪を認定されるまで、無罪と推定される。刑事訴訟において、有罪とは、被告人が真犯人であるという意味ではない。法定の手続を経て、裁判所が被告人の犯罪事実を合理的な疑いを超える程度にまで認定したときに、はじめて被告人は有罪と認定される。憲法にも、刑訴法にも、この無罪推定の法理を明記した規定はない。しかし、無罪推定の法理は、憲法三一条が保障する適正手続の本質的要素であると理解されてきた。また、国際自由権規約一四条二項は、「刑事上の罪に問われているすべての者は、法律に基づいて有罪とされるまでは、無罪と推定される権利を有する」と定めている。日本も国際自由権規約を批准しており、一九七九年より、この規約は国内法としての効力を有している。

無罪推定の法理は、刑事手続の全過程での被疑者・被告人の法的地位を意味するものであるから、身体拘束の制度とその運用の中にも、この法理が具体化されなければならない。すなわち、被疑者・被告人の身体を拘束しないという原則がとられなければならない。被疑者・被告人の身体拘束は、最終手段としてのみ許されるのである。被疑者・被告人の身体拘束は、可能な限り回避されなければならず、そのために、逮捕・勾留の要件が厳格に法定された上で、身体拘束を抑制する方向で厳格に運用されなければならない。[*16]

法制審・特別部会において、身体不拘束の原則を明記した規定を新設すべきとの意見に対しては、身体不拘束の原則は現行法上も明らかであって、不必要であるとの見解が示された。たしかに、身体不拘束は現行法上も原則とされているというべきである。しかし、それを明記した規定の新設が提案されたのは、法律上の原則であるにもかかわらず、運用上、身体拘束の要件の認定に厳格さが欠け、安易な身体拘束が行われているとの現状認識によるものであった。ここにおいても、現状認識の対立が表面化し、その溝を埋めるための建設的議論には至らなかった。

(2)　否認・黙秘と罪証隠滅の可能性

法制審・特別部会の審議の中では、実務において、被疑者の否認・黙秘が安易に罪証隠滅の可能性と結びつけられる傾向が強く、そのことが身体拘束の運用を弛緩させる一方、被疑者に否認・黙秘を断念させる圧力として作用していると指摘された。このような立場から、勾留・保釈の判断にあたっては、否認・黙秘を理由として不当に不利益な取扱いをしてはならないとする規定の新設が提案された。

この指摘に対して、裁判所、検察出身の委員を中心に、否認・黙秘をもって直ちに罪証隠滅の主観的意図を認定しているのではなく、罪証隠滅の意図を判断するにあたり、他の証拠と総合して、被疑者の否認・黙秘を考慮しているにすぎず、このような判断の仕方は不当なものではないとの意見が表明された。身体拘束の要件たる罪証隠滅の可能性、特にその主観的意図について判断するにあたり、

＊16　葛野・前掲＊9六六頁以下参照。さらに、身体拘束の要件が認められる場合でも、身体拘束に代替する他の措置によって拘束目的が確保されるならば、身体拘束は回避され、保釈を含む拘禁代替措置がとられなければならず、また、例外的に身体拘束がなされる場合でも、被疑者・被告人は拘束されていないときの社会生活と可能な限り近接した生活条件を保障されなければならず、その権利は最大限に保障されるべきことになる。先に検討した中間的処分ないし起訴前保釈の提案は、前者の要請に根ざしたものである。

被疑者・被告人が否認・黙秘していることをどのように考慮することができるか、考慮することが許されるかという点は、たしかに理論的にも困難な問題である。この点における不一致から、否認・黙秘の取扱いに関する規定の新設も実現しなかった。

まず確認すべきことは、罪証隠滅の可能性は、具体的事情によって根拠づけられた、身体の自由を奪うという重大な権利制約処分を正当化するに足りる高度な、現実的可能性として認定されなければならないことである。被疑者が否認・黙秘している場合でも、このような罪証隠滅の可能性を認定することなくして、身体拘束を認めることは許されない。

このことを前提として、否認・黙秘からの罪証隠滅の可能性の推認については、以下のように考えるべきであろう。*17 第一に、罪証隠滅の可能性の判断において、被疑者が捜査機関側の主張を排斥するという意味での消極的否認をし、または黙秘をしている場合において、不利益な取扱いが認められるのは、自白している場合に比べて相対的に不利な取扱いを受けることになるという限りにおいてであり、それを超えて、被疑者の否認・黙秘から罪証隠滅の意図を推認することには、合理性がないというべきである。第二に、このような消極的否認・黙秘からの推認は、被疑者に供述を強要する結果を招くことから、黙秘権の侵害となり許されない。なお、消極的否認の場合には、正当な防御権行使の侵害として構成することもできよう。第三に、被疑者の否認からの不利益推認が合理的とされるのは、否認が積極的な虚偽の弁解であって、犯罪行為の責任追及から免れようとする意思の発現であることが慎重に確認され、そのように認められた場合に限られる。この場合には、不利益推認が黙秘権の侵害に当たることはない。第四に、かりに、消極的否認・黙秘は、他の事情と相俟って、罪証隠滅の意図を推認させる一事情となり得るという多くの裁判官が依拠する立場をとったとしても、この推認に合理性が認められるのは、罪証隠滅の客観的可能性が十分認められる場合に限られる。しかし、不利益推認が合理的とされるときでも、否認・黙秘を考慮に入れなければ罪証隠滅の意図が認定できないというのであれば、否認・黙秘からの推認は供述を強要する結果を招来するものとして黙秘権侵害に当たり、許容されないというべきである。

否認・黙秘から罪証隠滅の可能性が、以上のような限界を超えて、安易に認定されてはならない。

5　焦点化されなかった改革課題

(1)　捜査と拘禁の分離——代用監獄制度の廃止

以上のように、被疑者の身体拘束制度については、なんらの改正もなされないまま終わった。さらに、法制審・特別部会の審議において焦点化されなかった改革課題もある。その第一は、代用監獄制度の廃止である。法制審・特別部会においては、弁護士の委員から問題提起がなされたものの、その後、議論は全く進展しないままに終わった。

自白強要の圧力を除去して、被疑者取調べの適正を確保するという観点から、身体拘束制度の在り方を見るとき、何にもまして重要なことは、取調べと身体拘束の結合を切断して、逃亡・罪証隠滅を

＊17　葛野・前掲＊9一六八頁以下。

防止するための処分として、身体拘束を純化することである。取調べと身体拘束が結合する中、暴行・脅迫、度を超えた誘導など、あからさまな自白強要がない場合でも、被疑者に自白を強いる圧力が生じるからである。そのための最重要課題は、逮捕・勾留された被疑者の取調べ受忍義務の否定とともに、警察留置施設に被疑者を勾留し、その状態を利用して被疑者の取調べを行うという代用監獄（代用刑事施設）制度の廃止のはずである。

刑訴法六四条一項は、勾留状には「勾留すべき刑事施設」を明記するよう要求しており、勾留場所を法務省の運営する刑事施設（刑務所・拘置所）にすると定めている。しかし、二〇〇六年に旧監獄法の全面改正法として制定された刑事収容施設及び被収容者等の処遇に関する法律（以下、「刑事処遇法」という）は、旧監獄法の枠組みを引き継ぎ、「都道府県警察に、留置施設を設置する」とした上で（同法一四条一項）、警察留置施設に被逮捕者および被勾留者を「留置し、これらの者に対し必要な処遇を行う」こととし（同二項）、勾留された被疑者・被告人を「刑事施設に収容することに代えて」、警察の「留置施設に留置することができる」とした（同法一五条一項）。これが、代用監獄制度である。実際にも、勾留された被疑者は、稀な例外を除き、警察留置施設に勾留されている。

代用監獄制度については、国際自由権規約委員会や国連拷問禁止委員会など、日本が批准している人権条約の実施状況を審査する場においても、厳しい批判がなされ、廃止が勧告されてきた。[*18] しかし、日本政府は、①捜査・取調べを円滑かつ効率的に進めるために、警察の手許に被疑者を拘束しておく必要があること、②警察留置施設は各地に数多く所在するので、家族の面会や弁護人の接見にとっても便利であること、③刑事処遇法の規定により、留置業務に従事する警察官は、留置業務を担当している被疑者の事件の捜査に従事してはならないこと、などを理由にして、存続の立場をとり続けてきた。主要な存置理由は、①である。代用監獄たる警察留置施設に勾留されていた被疑者も、起訴後は拘置所に移送される場合がほとんどであることからしても、代用監獄制度が、被疑者取調べの便宜と結びついていることが分かる。逮捕から勾留を通じて、起訴に至るまで、被疑者を警察の手許に拘束し続け、取調べを続けることにより、捜査・取調べの効率が上がり、供述の採取も効果的に行われる。このような理由から、捜査実務は、代用監獄制度を必要としてきた。ハードウェアとしての代用監獄制度が、ソフトウェアとしての取調べ受忍義務とともに、被疑者の身体拘束と捜査・取調べとを結合させ、もって被疑者取調べと自白とに強く依存した「日本型」刑事手続を支えてきたのである。

しかし、被疑者を代用監獄に拘束した上で続けられる取調べが、ときにおいて虚偽自白を生み出し、冤罪を招いてきたことは、これまでにも指摘され続けてきたことである。[*19] 自白を強要する暴行・脅迫がなされても、それらが外部に可視化されないことだけが、その理由なのではない。小田中聰樹は、代用監獄とは、捜査機関が「被疑者の身柄を拘束・管理しその日常生活を支配することから生ずる心理的圧力を取調に利用するシステム」であると指摘した。[*20] 捜査機関は、被疑者を代用監獄たる警察留

*18 国際自由権規約委員会による第六回日本政府報告書の審査について、日本弁護士連合会編『国際人権（自由権）規約第六回日本政府報告書審査の記録』（現代人文社、二〇一六年）参照。
*19 日本弁護士連合会人権擁護委員会編『誤判原因の実証的研究』（現代人文社、一九九八年）四一三頁以下など参照。
*20 小田中聰樹『現代司法と刑事訴訟の改革課題』（日本評論社、一九九五年）二二四頁。

置施設に拘束することによって、食事、睡眠から用便に至るまで生活のすべてを管理・支配し、また、外部との情報の流通を遮断することができる。被疑者をそのような状態の下に置きながら取調べを続けるとき、あからさまな暴行・脅迫、度を超した誘導などがなくとも、自白への強い圧力が生じるのである。この圧力によって、被疑者は自白を余儀なくされる。身体拘束と捜査・取調べが結合する中で、被疑者の黙秘権が危機にさらされるといってもよい。

それゆえにこそ、国際自由権規約は捜査と拘禁の分離を要求し、国際自由権規約委員会や国連拷問禁止委員会などが、代用監獄制度の廃止を求めてきたのである。国際自由権規約九条三項は、「刑事上の罪に問われて逮捕され又は抑留された者は、裁判官又は司法権を行使することが法律によつて認められている他の官憲の面前に速やかに連れて行かれるものとし、……」と規定することによって、捜査と拘禁の分離を要求している。捜査と拘禁の分離は、被疑者の黙秘権を確保し、自白の強要を防止するための手続保障である。次の二局面から構成される。第一に、身体拘束を継続する必要がある場合には、逮捕後速やかに被疑者を裁判官の面前に引致した上で、その審問、すなわち勾留質問に付さなければならず、勾留が命じられたならば、警察の手許にその身体を置き続けることは許されない（警察留置の極小化）。第二に、極小化された警察留置においても、捜査機能と留置機能とが厳格に分離されなければならない。

第一の警察留置の極小化という要請について、日本政府はかねて、逮捕した被疑者を裁判官の面前に速やかに（刑訴法二〇五条二項は、逮捕後七二時間以内の勾留請求を定めている）引致した上で、その直接の審問たる勾留質問を経て、勾留場所の決定を含めて、裁判官により勾留の裁判がなされているので、その後において被疑者を警察留置施設に勾留しても、国際自由権九条三項に違反することはないとの見解を表明してきた。しかし、被疑者を勾留する場所として警察留置施設を用いることは、逮捕された被疑者をいったん裁判官の面前に連れて行った後、また連れ戻して、警察の手許での拘束を継続することにほかならず、警察留置の極小化という要請に明らかに反している。二〇一四年一二月一六日に国際自由権規約委員会が発表した規約九条三項についての「一般的意見」は、「本委員会の見解としては、勾留された被疑者を警察の留置施設へと連れ戻してはならない。警察留置施設ではなく、異なる権限機関の管理運営する独立した収用施設に勾留すべきである。そうすることによってこそ、被勾留者の権利が侵害される危険を、より容易に低減することができるからである」と明記している。[*21]日本政府の見解を、正面から否定するものである。また、日本政府が主張する上記③は、警察留置における捜査と留置の分離という第二の要請にのみ関するものであり、しかも、留置担当者に取調べを打ち切る権限が与えられていないなど、警察署内部での捜査と留置の業務分離は十分なものではない。代用監獄制度は、これら二重の要請のいずれをも満たしておらず、捜査と拘禁の分離の要求に反するものとして、廃止されるべきである。[*22]

＊21　UN Human Rights Committee, General Comment No. 35 on Article 9 (Liberty and Security of Person) (CCPR/C/GC/35) (16 December 2014) p. 11　http://tbinternet.ohchr.org/_layouts/treatybodyexternal/TBSearch.aspx?Lang=en&TreatyID=8&DocTypeID=11.　裁判官その他司法官憲の面前に速やかに引致することの意義を論じる文脈において、このように指摘している。

＊22　葛野尋之『刑事手続と刑事拘禁』（現代人文社、二〇〇七年）五一頁以下、葛野・前掲＊9一二五頁以下。

(2) 勾留質問手続の対審化

焦点化されることなく終わった第二の問題として、身体拘束の決定手続の在り方がある。今回の改正議論の過程において、被疑者の防御権の強化という視点から、勾留質問における手続保障を厳格化し、それによって安易な身体拘束を手続的に抑制するという改革課題が取り上げられることはなかった。

裁判官が被疑者の勾留を命じることは、「被疑者に対し被疑事件を告げこれに関する陳述を聴いた後でなければ」、することができない（刑訴法二〇七条一項・六一条）。被疑者に対し告知と聴聞の機会が与えられているのである。勾留質問と呼ばれている。しかし、実際には、多くの場合、勾留質問は、被疑者の請求に基づく国選弁護人の選任手続とあわせても、三〜四分程度で終わっているという。また、弁護人が選任されていても、弁護人の立会いは認められていない。被疑者の身体を相当期間（当初一〇日、一〇日までの延長が可能）拘束する処分を決定するのにふさわしい手続保障といえるのか、告知・聴聞の機会が実質的に保障されているといえるのかについては、疑問のあるところである。

勾留質問が、それにふさわしい手続保障を備えたものとなるためには、被疑者の防御権の強化という視点から、勾留質問を対審化することが必要であろう。[*23] 一九五三年に発効した欧州人権条約は、欧州評議会加盟国四七か国が批准している国際人権条約であり、国際自由権規約のモデルとされたものであるが、その実施機関である欧州人権裁判所は、一連の判例による人権条約の解釈を通じて、裁判所の勾留審査においては、被拘禁者が勾留の適法性、すなわち勾留の要件の存否を効果的に争うことができるよう、審査手続への立会いを含む弁護人の実質的援助の下、武器平等を確保した対審的手続による口頭審理が保障されなければならず、その前提として、身体拘束の要件を基礎づける重要証拠の開示が要請されるとしている。逮捕後、被疑者が裁判官の面前に引致され、裁判官により逮捕に引き続く身体拘束が決定される場合、このような手続保障は、その初回出頭時の審問においても要求される。

欧州人権条約の規定と同じ文言による国際自由権規約九条三項・四項の下で、日本法においても、勾留裁判後の審査手続とともに、勾留裁判のための裁判官の審問である勾留質問においては、このような手続保障が備えられなければならない。このときにこそ、勾留質問は、勾留という重大な処分を命じるのにふさわしい手続保障を備えたことになる。その結果、勾留の要件についての判断がより厳格になされることとなり、安易な身体拘束もより確実に回避されることになろう。

6　結　語

以上のように、今回の刑訴法改正においては、被疑者の身体拘束制度について、なんらの改正も実現しなかった。それは、身体拘束制度の運用をめぐる現状認識において厳しい対立があり、その溝が埋まることがなかった点に加え、逮捕・勾留された被疑者について取調べ受忍義務は認められるか、あるいは被疑者が被疑事実を否認・黙秘していることが身体拘束の要件たる罪証隠滅の可能性の認定

＊23　葛野・前掲＊9四三頁以下参照。

にどのように関係するかという理論的問題に決着が付けられなかったからである。こうして、勾留に代わる中間的処分が制度化されることも、また、身体拘束制度の運用指針を示す規定が新設されることもないままに終わった。さらに、捜査と拘禁の分離にとって不可欠な代用監獄制度の廃止、勾留質問手続の対審化による安易な身体拘束の手続的抑制については、課題自体が焦点化されることすらなかった。

身体拘束の制度、そしてその運用の在り方は、上述のように、取調べの適正化、ひいては被疑者取調べと自白とに強く依存した「日本型」刑事手続の克服にとって決定的に重要な課題である。現状認識を一致させ、「立法事実」を明確化した上で、身体拘束制度の本格的改革に正面から取り組む必要がある。

（くずの・ひろゆき　一橋大学大学院法学研究科教授）

9　改革の原点に立ち戻る

――今後の刑事司法改革に向けて

海渡　雄一

1　はじめに

刑事訴訟法改正法案が二〇一六年の通常国会で成立した。しかし、この法案成立を素直に喜ぶ気持ちにはなれない。法案の中に、年来の改革の課題の一部が含まれていることは事実である。取調べの可視化、被疑者に対する国選弁護の拡大、証拠リストの交付の三点がそれに当たる。しかし、後に述べるように取調べの可視化には大きな限界がある。証拠リストの開示も、証拠そのものの開示を求める契機が与えられたにすぎない。

これに引き換え、この法案の中には、盗聴法（通信傍受制度）の大幅な拡大・司法取引の導入・匿名証人の公認など、人権侵害と新たなえん罪を生み出す可能性のある制度が含まれている。えん罪の未然防止のための制度改革であったものが、なぜ捜査機関の新たな捜査手法の拡大という結果を生み出したのか、私たちは刑事司法の真の改革のために、今どのような戦略を立てて、次なる取り組みを始めなければならないのか、そしてこのような営みは誰が担うべきかについて、考察してみたい。

2　代用監獄の廃止と証拠開示は積み残された——えん罪防止の最大の課題

(1)　えん罪はなぜやまないのか

この刑事訴訟法改正の是非を議論するためには、どの時点までさかのぼって議論すればよいだろうか。今回の刑事訴訟法改正が具体的に企図されたのは、二〇一〇年の厚生労働省村木局長事件無罪判決とこれに引き続く検察官による証拠改ざん事件の発覚、検察の在り方検討会議に基づいてであった。

時期を同じくして、足利事件について再審公判が開始し（二〇〇九年一〇月）、無罪が確定した（二〇一〇年三月）。布川事件についても再審公判が開始し（二〇一〇年七月）、無罪が確定した（二〇一一年五月）。二〇一四年三月には袴田事件について再審開始決定が出され、袴田巌さんが釈放された。名張事件では、二〇〇五年にいったん再審開始が決定されながら、二〇〇六年に異議審で取り消され、二〇一〇年には最高裁が取消決定を取り消すという展開となったが、奥西勝さんは二〇一五年には病死せざるを得なかった。

これらのえん罪（が強く疑われる）事件の多くにおいて本人や共犯者の虚偽の自白がとられていたことは、日本における刑事司法の下で、えん罪を防ぐことができないのではないかという市民の危惧を改めて高めたといえる。

しかし、問題は根深く、私の心の中では、この問題は一九八二年に政府が国会に提出した拘禁二法案、その中でもとりわけ代用監獄問題が根本的な問題であったと感じている。

(2) 代用監獄における長期間・長時間の警察取調べこそがえん罪の温床

(a) 警察拘禁の世界標準は四八時間

日本では逮捕された被疑者は、裁判官の勾留決定後も起訴まで、ときには起訴後まで警察留置場に置かれ、朝から深夜までの取調べがなされることも珍しくない。一つの事件については、警察拘禁期間は二三日間であるが、事件を分割することにより、余罪捜査のための再逮捕や、当初の逮捕が別件逮捕の場合は引き続く本件の取調べが続き、警察での取調べが何か月も続くこともある。

このような制度を代用監獄制度といい、世界中を探しても、日本にしか見つからない制度である。世界標準では、被疑者が警察の下に置かれるのは、二四～四八時間が限度である。これ以上警察に拘禁し取調べの圧力をかけ続ければ、捜査官による暴行や脅迫がなくても、うその自白をしてしまうことは避けられないと考えられているからである。

自由権規約委員会は、自由権規約九条に関する一般的意見三五（二〇一四年）において、警察拘禁について次のような見解を示している。

〈パラグラフ33〉

「速やかに」の厳密な意味は、客観的事情によってさまざまであろうが[*1]、遅滞は、逮捕時から数日（a few days）を超えるべきではない。[*2]委員会の見解としては、個人を移送して裁判所の審問に備えるには、通常、四八時間で十分であり[*3]、四八時間を超えての遅滞は、絶対的な例外にとどめられ、諸事情に照らして正当化されなければならない[*4]。司法統制を伴わない法執行官の管理下でのより長い抑留は、虐待の危険を不必要に増加させる[*5]。ほとんどの締約国の法律は、厳密な時間制限を定めており、四八時間より短い場合もあるが、その場合は当該時間制限を超えるべきではない。〔以下略〕

〈パラグラフ36〉

〔中略〕委員会の見解としては、再度の抑留は、警察の留置場に戻ることを伴うべきではなく、むしろ、被抑留者の権利に対する危険がより容易に軽減されやすい場所である他の当局の管轄下にある別の施設でなされるべきである。

(b) 世界に悪名をとどろかすダイヨーカンゴク

このように、自由権規約委員会は、明確に代用監獄の廃止を規約九条の解釈として示しているのである。日弁連は、約四〇年にもわたって、代用監獄制度の廃止をえん罪をなくすためのもっとも重要な要求の一つとして掲げ続けてきた。日弁連が、この活動を始めた時点では、数日を超える警察拘禁は、北欧諸国、ハンガリー、トルコ、イギリス（テロ事件のみ）、韓国、イスラエルなどにも例があると政府は主張し、日本だけの制度ではないと反論していた。しかし、国際人権機関の活動により、これらの例外的な諸国の実務運用も改善され、日本における代用監獄制度は、世界的にはほぼ唯一といってよい悪名の高い制度となってしまった。そして、近年は、この取調べに、時期的な制限だけでなく時間的な制限がないこと、弁護人の立会いがないこと、録音録画がされていないこと、被疑者段階での保釈制度がないことなども併せて指摘してきた。

(c)〝便利さのコンセンサス〟が生む現状

今回の改革では、取調べに関しては録音・録画だけが大きくクローズアップされた。その原因は、二〇〇六年の監獄法改正によって代用監獄の廃止の課題が先送りされ、早期にその実現が難しくなる中で、日弁連として、より価値中立的な課題である可視化の課題を先行させたといえるだろう。拘置所では（土）日、夜間の接見が困難である一方、警察留置場では休日も夜間も面会でき、弁護士にとっても便利だという状況が固定化し、弁護士会内部でも、本音で代用監獄の廃止を目指すといいにくい雰囲気も生まれてしまった。私たちは、拘置所における休日夜間の弁護人面会の実現を求めてきたが、土曜日の面会は例外的に認められたものの、力が及ばなかった。

このような状況の中で、日弁連内で刑事拘禁制度改革を担ったグループは、視察委員会や不服検討会、電話接見やＦＡＸ連絡などの新しい制度の運用に時間をとられ、代用監獄そのものの廃止のため

＊1　原注：702/1996, McLawrence v. Jamaica 事件、パラグラフ5.6及び2120/2011, Kovalev v. Belarus 事件、パラグラフ11. 3。

＊2　原注：1128/2002, Marques de Morais v. Angola 事件、para. 6. 3, 277/1988, Terán Jijón v. Ecuador 事件、パラグラフ5.3（五日は速やかとはいえないとされた事案）及び625/1995, Freemantle v. Jamaica 事件、パラグラフ7. 4（四日は速やかとはいえないとされた事案）。

＊3　原注：1787/2008, Kovsh v. Belarus 事件、パラグラフ7. 3-7.5。

＊4　原注：同上。また、336/1988, Fillastre and Bizouarn v. Bolivia 事件、パラグラフ6. 4（予算上の制約は、一〇日間の遅滞を正当化しないとされた事案）も参照。

＊5　ハンガリー政府審査の総括所見（CCPR/CO/74/HUN, 2002）、para. 8 を参照。

の活動がおろそかになってしまったことは自己批判しなければならない。このような状況で、取調べ可視化によって捜査官による暴行脅迫などがやりにくい状況を作り出すことで、時間はかかるかもしれないが、代用監獄の安楽死を目指そうという気持ちがあったことも事実である。

イギリスの犯罪学研究者であるシルビア・クロイドン氏が、"The Politics of Police Detention in Japan：Consensus of Convenience「日本における警察拘禁の政治：便利さのコンセンサス」"と題する研究書をClarendon Studies in Criminologyの一冊として二〇一六年にオックスフォード大学出版会から刊行した。この本は、日本における代用監獄制度の明治時代から今日までの歴史を余すところなく論じ尽くしている。長年続いた日弁連の代用監獄廃止の取り組みと法務省・警察との対立、警察と法務省との微妙な関係、名古屋事件と刑務所改革、その後の監獄法改正、そして可視化重視の方針の中で代用監獄問題が取り残されてしまっていること、面会の便宜を理由にこの制度を容認してしまっている弁護士が多いことなどを厳しく指摘している。日本語の文献に丁寧にあたっているだけでなく、関係者への直接の取材に基づいて書かれている点に大きな特徴がある。日本の警察拘禁における国際人権水準から遠く隔たっている実務が、変革の展望を失ったまま続いている状態であることを厳しく告発した著書である。日本という国家、国民、とりわけ私たち日弁連や研究者の怠慢も厳しく告発されている。

(3) 全面的な証拠開示こそがえん罪防止の決め手

(a) 全面証拠開示は国際スタンダード

今回の刑事訴訟法改革のもう一つの大きなテーマは、捜査当局が集めた証拠について弁護人は検察官から開示されたものしか検討できない現状を改めることであった。捜査機関の集めた証拠中に、決定的な無罪証拠があっても、それが隠されてしまうと、弁護人は一定の類型の証拠と争点に関連した証拠として指摘された証拠しか開示を受けることができない。

本来、捜査機関が集めた証拠は、弁護人にすべて開示されることが当然のことである。自由権規約委員会は、自由権規約一四条に関する一般的意見三二（二〇〇七年）において、裁判所の前の平等と証拠開示について次のように述べている。

「13．裁判所の前の平等という権利は、武器の対等をも確保するものである。これは、区別が法律に基づいており、また客観的かつ合理的な根拠によって正当化できないかぎり、すべての当事者に同一の手続上の権利が与えられなければならず、被告人に対し実際に不利な条件もしくはその他の不公正をもたらさないことを意味する。[*6]たとえば、特定の決定について検察官だけに上訴が認められ、被告人には認められない場合、武器の対等は存在しない。[*7]当事者間の平等の原則は民事手続にも適用され、とくに相手当事者によって提示されたすべての主張および証拠に反論する機会がそれぞれの側に与えられることが必要である。[*8]

＊6　原注：Communication No. 1347/2005. Dudko v. Australia. para. 7.4.

＊7　原注：Communication No. 1086/2002, Weiss v. Austria, para. 9.6. 武器対等の原則が侵害されたもう一つの例については、Communication No. 223/1987, Robinson V. Jamaica, para. 10.4（審理の延期）を参照。

例外的な事案ではあるが、それがなければ資力に乏しい当事者が平等な立場で手続に参加できない場合、もしくはかかる当事者の側の証人に対する尋問が行えない場合に、無料で通訳援助が提供されることが必要な場合もあり得る。」

「33.『十分な便益』には、文書その他の証拠へのアクセスが含まれていなければならず、このアクセスには、検察側が法廷で被告人の罪を立証するために提示する予定のものや被告人の無罪につながるものなどのすべての資料が含まれていなければならない。[*9] 被告人の無罪につながる資料は、無罪を立証する資料だけでなく、防御の助けになる他の証拠（たとえば自白に任意性がないことを示すもの）も含むものと理解されるべきである。証拠が規約第七条に違反して取得されたという申立がなされた場合には、かかる申立の是非についての評価を可能にするために、当該証拠が取得された状況に関する情報に対するアクセスが可能とされなければならない。被告人が手続に使用される言語を話さない場合であっても、その言語に精通している弁護人によって代理されている場合には、一件記録中の関連資料が弁護人にとって利用可能であれば、それで十分である。[*10]」

この新しい一般的意見では、開示されるべき証拠の範囲について「検察側が法廷で被告人の罪を立証するために提示する予定のものや被告人の無罪につながるものなどのすべての資料が含まれていなければならない。被告人の無罪につながる資料は、無罪を立証する資料だけでなく、防御の助けになる他の証拠（たとえば自白に任意性がないことを示すもの）も含むものと理解されるべきである。」とされている。そして、このような開示の例外は認められていない。本来、このよう制度改革こそが目指されるべきであった。

このことを法制審議会特別部会で最も強く主張してくれたのは、映画監督の周防正行さんであった。

全面開示を主張する周防さんと公判前整理における類型証拠開示、争点関連証拠開示で十分とする酒巻匡京都大学教授との興味深い論争が周防さんの著書に採録されている。[*11]

(b)　改正法で認められたリスト開示制度

今回の刑事訴訟法改正においては、証拠開示のための制度について、①公判前整理手続に付することの請求権が認められた。しかし、公判前整理に付すかどうかは裁判所が判断し、請求を却下した決定に対しても、不服申立ては認められていない。

②公判前整理または期日間整理手続に付された事件について、被告人または弁護人から請求があったときは、「検察官が保管する証拠の一覧表」が交付されることとされた。しかし、あくまで一覧表が交付されるだけで、開示のためには証拠開示の手続が必要なことは変わっていない。また、検察官ではなく、警察が保管している証拠については、一覧表には掲載されない。

えん罪の防止のためには、さらにはえん罪の救済のためには、全面的な証拠開示の制度化こそが国際人権スタンダードからも求められていた。これが実現しなかったことは残念である。

＊8　原注：Communication No. 846/1999, Jarsen-Gielen v. The Netherlands, para. 8.2 および Communication No. 779/1997, Aarela and Nakkalajarvi v. Finland, para. 7.4.

＊9　原注：総括所見、カナダ、CCPR/C/CAN/CO/5（2005）、para. 13.

＊10　原注：Communication No. 451/1991, Harward v. Norway, para. 9.5.

＊11　周防正行『それでもボクは会議で闘う』（岩波書店、二〇一五年）三九〜五八頁。

(c) 多くの賛同を得た再審請求審における全面証拠開示すら実現できず

法制審議会特別部会では、少なくとも、再審請求審段階だけでも、全面的な証拠開示を認めるべきであるという意見が周防正行さんからなされ、日弁連側の委員だけでなく、元福岡高裁長官（龍岡資晃委員）からも賛同を得た（第一五回会議〔二〇一二・一一・二一〕）。

周防さんは、「おそらく、再審請求審において証拠開示制度が整備されないのは、もしすべての証拠が開示されれば、次々と無罪が明らかになるからではないのか。法務省も検察も警察も、そして裁判所もそれを一番恐れているに違いない。それ以外に、ここまで再審請求審における証拠開示制度づくりに消極的な態度をとる理由が思いつかない。」とまで述べている。*12 この点だけでも実現していれば、えん罪の事後的な救済に特効薬となったのではないかと考えると残念でならない。

3 改革が成功しなかったのはなぜか

(1) 刑事司法改革の原点をふりかえる

二〇一一年三月「検察の在り方検討会議」提言がまとめられ、同提言には「取調べ及び供述調書に過度に依存した捜査・公判の在り方を抜本的に見直し、制度としての取調べの可視化を含む新たな刑事司法制度を構築するため、直ちに、国民の声と関係機関を含む専門家の知見とを反映しつつ十分な検討を行う場を設け、検討を開始するべき」とされ、「可視化に関する法整備の検討が遅延することがないよう、特に速やかに議論・検討が進められることを期待」する旨述べられた。同提言に基づいて江田元法務大臣の下で法制審議会「新時代の刑事司法制度特別部会」が設置された。

その委員には刑事法学者や裁判官・検察官・弁護士以外にも村木厚子さんや周防正行さんらも委員に選ばれ、可視化を含む取調べ全体の在り方や証拠開示の在り方について抜本的な改正が進むことが期待された。私は、この特別部会を立ち上げたときの日弁連事務総長であった。[*13] 日弁連はこのような事態を受け、二〇一一年五月の定期総会において「取調べの可視化を実現し刑事司法の抜本的改革を求める決議」を採択し、えん罪の起きない刑事司法をめざし、取調べの可視化（取調べの全過程の録画）、証拠開示を含む武器対等原則の実現、人質司法の打破、国選弁護人（付添人）制度の充実、代用監獄の廃止等が不可欠であるとして、刑事司法の全面的な改革を求める方向性を明らかにした。

ここで、取調べの可視化（取調べの全過程の録画）が大きな目標となったのは、可視化こそがえん罪の防止の決め手となり得ること、そしてえん罪防止のための可視化では、取調べの全過程の録画が不可欠であるという認識があったからである。

＊12　周防・前掲＊11一八一頁。
＊13　このことは前掲＊11 vi頁にも出てくることだが、周防さんを委員に推薦したのは日弁連事務総長としての私である。周防さんの本によれば、私は、「メンバーは、法務省、警察、検察、裁判官、弁護士、法学者といった人たちです。映画監督としてご取材するつもりでどうですか。」と微笑んだらしい。とんでもない会議の委員に推薦し、大変なご苦労をかけたことを本当に申し訳なく思う。そして、この改革のすさまじい舞台裏を、このような素晴らしく皮肉な本にまとめていただいたことに心から感謝したい。いつの日か、この本が映画化されたら、さぞ面白いものになり、大ヒットするかもしれない。

(2) 日弁連はどこで失敗したのか

日弁連は今次刑事訴訟法改正において、大きな失敗を犯した。えん罪の防止こそが真のアジェンダであったはずなのに、いつの間にか取調べの可視化と引き換えに「供述に頼らない刑事捜査」という、捜査権限の拡大を含意するアジェンダを忍び込ませることを認めてしまった。また、この問題を議論するためのフォーラムを、人員構成からいって警察・法務に圧倒的に有利な法制審議会に設定することを許し、よりクリエイティブな議論が可能な、たとえば「検察の在り方検討会議」や「行刑改革会議」のような、少なくとも改革派の方が多数となるような場に設定することに失敗した。弁護士会推薦の委員数を増やし（通常二名のところを五名まで増やした）、村木さんや周防さんなど有力な市民委員を入れることで法制審の壁を崩せると考えた。途中に政権再交代が起きたことも誤算であったが、読みが甘かったことは明らかである。これら二つの点のミスは、特別部会が設置された当時の日弁連執行部で事務総長の職責を担っていた私自身の責任でもあり、心から申し訳なく思う。

(3) 警察・法務省の焼け太り

特別部会では警察・法務省から取調べの可視化制度を受け入れる場合、通信傍受の対象犯罪の拡大と事業者の立会義務削除、司法取引などについて検討を求める意見が表明され、自らの不祥事が原因で始まった改革であるのに、焼け太りともいうべき要求を繰り広げた。

特別部会のもともとの構成が政府側の意見優位の構成となっているため、えん罪の防止を主眼とする可視化の一部実現、被疑者国選制度の拡充という成果を認めさせるために、日弁連は新たな捜査手法の導入を引き換え条件として受け容れるという判断をしてしまった。ここで求められていたことは、議論の土俵を国民の前に拡げ、世論のフォーラムで、彼我の意見を戦わせ、国民の判断を仰ぐ努力だったろう。私が日弁連で拘禁二法案反対に取り組み始めた頃、日弁連の先輩たちは自らの主張を広めるために、労働組合や市民団体にもこまめに足を運び、市民集会への参加をお願いしていた。このような地に足のついた努力が欠けていたと痛感せざるを得ない。特別部会で議論が進んでいた時期の日弁連内の会議で、盗聴制度に日弁連が反対するべきだと意見を述べたとき、可視化を進めるためには盗聴制度の拡大にも反対すべきでないという弁護士から、「盗聴の拡大に反対するような市民の動きはありませんよ」と反論されたことを思い出す。そんなことを言えば、秘密保護法も、戦争法も法案内容が明らかになり、国会に提案されるまで、市民の反対の声などほとんどなかった。私たちが、必死で法案の内容を市民に知らせ、反対の声を創っていったのだ。日弁連が最初からあきらめてしまったら、反対運動を創ることは何倍も難しくなる。市民の意見はそこにあるものではなく、事実を知った先覚者が努力して創り上げていくものだという基本認識すら共有できていなかった。

(4)　改正法の認めた可視化の内容

それでは、このような極めて重大な妥協と引き換えに獲得された改正法の下での可視化は、「取調べの全過程の録画による可視化」といえるだろうか。取調べの可視化は、警察や検察の取調べを録画する制度である。被疑者に暴力を加えたり、脅迫したりするような違法・不当な取調べは、可視化されている状態では難しくなる。警察で暴行脅迫など無理な取調べを受けたと被告人が主張した場合、自白の任意性・信用性をめぐって警察官・検察官を延々と取り調べる裁判が必要であったが、裁判員制度の下では、このような裁判上の争いを長く続けることも困難となった。自白調書に依拠した捜査・公判の構造を抜本的に改革するには、取調べの全過程の録画による可視化は必要不可欠であり、イギリスのように、警察官が街頭で被疑者を逮捕したところから録画が始まるような制度こそが望まれていた。

ところが、最終的に二〇一四年七月にとりまとめられた答申では、取調べの録画の対象事件は裁判員裁判対象事件などに限定され、さらに被疑者の供述を得ることが難しい場合など、あいまいな例外がたくさん設けられた。村木局長事件のような事件は裁判員対象ではなく、その対象から外されている。足利事件などで虚偽自白が生み出された逮捕前の任意の取調べの段階も録画から除外された。

(5) 二二弁護士会の反対を無視して答申案全体に賛成した日弁連

このわずかな可視化と、証拠リストの開示、国選弁護人の拡大と引き換えに、特別部会最終報告に盛り込まれたのが盗聴法の大幅な拡大と司法取引の導入、匿名証人制度などだった。法務省が、審議項目の個別採決を認めず、一括採決をしたため、法制審の最終報告に対して日弁連推薦の委員は通信傍受の拡大と司法取引の部分を含めて全員賛成した。辻裕教法務省大臣官房審議官は、「様々な立場からの多様な意見が存する中で全会一致に至ることができたのは、画期的であったと言ってよい」と述べている。*14

さらに、日弁連は、この答申の一部に日弁連の望んでいた改革が含まれていることを理由に、答申案の全体について賛成し、盗聴の拡大と司法取引の導入にも反対しない方針を理事会における多数決で強行した。しかし、この決定には二二の単位弁護士会が公式に反対し、盗聴法拡大を含む法案に反対の声を上げ続けた。このような分裂状態は日弁連の長い歴史の中でも例のない事態であったといえる。

日弁連は、可視化の対象範囲が当初は裁判員裁判対象事件および検察独自捜査事件に限定されているが、検察庁における運用も拡大しており、三年後に予定されている見直しにおいて全事件の可視化が実現することを求めていくとして、この法案に賛成することとした。しかし、今市事件における録音・録画の実情とその証拠調べ、そして法務省のこのようなやり方についての国会答弁を見ると、日弁連がこの法案に賛成したという判断の前提に、重大な疑問が生じている。この点は4で論ずる。

(6)　弁護士会の活動の価値判断の基軸はあくまで人権擁護に置かれるべき

市民のプライバシーの危機をもたらす盗聴法の大幅拡大の動きに対して、先頭に立って反対に立ち上がらなければならなかったのは日弁連である。日弁連は二〇〇九年一一月にまとめた「人権のための行動宣言二〇〇九」において、「通信傍受法の濫用や対象範囲の拡大に反対します。」としていたのである。[*15] これまでの日弁連であれば、対策本部が立ち上げられ、全国で反対のための活動に立ち上が

*14　辻裕教「刑事訴訟法等の一部を改正する法律の制定経緯等について」警察学論集六九巻八号（二〇一六年）三頁。

っていたはずだ。

二〇一三年の秘密保護法については、日弁連は対策本部を立ち上げ、今も秘密保護法廃止のための活動に取り組んでいる。二〇一六年参院選後に動きが報じられ、二〇一七年の通常国会に提案されようとしている共謀罪についても、日弁連は対策本部を立ち上げ、反対のための活動に取り組んでいる。

しかし、日弁連は、二〇一五年三月一八日に公表された会長声明において、「通信傍受については、通信傍受が通信の秘密を侵害し、ひいては個人のプライバシーを侵害する捜査手法であることから、人権侵害や制度の濫用について危惧の念を禁じ得ない。当連合会としては、補充性・組織性の要件が厳格に解釈運用されているかどうかを厳しく注視し、必要に応じ、第三者機関設置などの制度提案も検討する。」としつつ、全体として、「当連合会は、改革が一歩前進したことを評価し、改正法案が速やかに成立することを強く希望する。」として、この法案に反対しないことを表明した。ここでの重大な価値判断として、法案の提案する可視化がえん罪防止のために役立つという認識が前提となり、それと引き換えであるから人権侵害の危惧がぬぐえない制度にも反対しないという価値判断が示されている。

弁護士は人権の擁護と社会正義の実現のために活動することを弁護士法第一条によって求められている。日弁連は、人権擁護のための組織であって、政治団体ではない。可視化や国選弁護の拡大のために盗聴や司法取引などの人権侵害の危険性がある制度を容認するような政治的判断をするべき団体ではないはずである。

特別部会の日弁連推薦の委員が、要綱の一括採決を求められて、賛成できる部分があるからという理由で、賛成するという選択はあり得ただろう。しかし、組織体としての日弁連は、法案の中に反対すべき部分があれば、その問題点を指摘し続けることこそが社会的に求められていた役割ではないか。人権の擁護に役立つか、あるいは役立たないかだけを尺度として、答申の一部に賛成し、一部に反対するという普通のやり方をすればよかったのである。

4　一部録画はえん罪を生み出す可能性がある

(1)　殺人事件の取調べも逮捕までの間は録画されず

改正法が認めた取調べの可視化の限界と今市事件については、小池振一郎弁護士が本書3論文で論じ尽くしてくれているのでここでは長くは繰り返さない。しかし、この事件に関して重要なポイントは、今回の刑事事件につながる捜査としては、二〇一四年一月に被疑者が別件である商標法違反で逮捕されたときから始まっており、今市事件の取調べの録画は、今回の法改正が議論されている過程でなされたものだといえるということである。被疑者は商標法違反で起訴された二〇一四年二月一八日午前の検事取調べで殺害をはじめて自白したと報道されているが、この時の取調べは録画されていない。検事の取調べの録画は同日夕方から開始されたという。二〇一四年二月一八日検事取調べで最初に自白したとされる時から殺人容疑で再逮捕した六月三日までの三か月半もの間、警察の取調べを受

＊15　http://www.nichibenren.or.jp/library/ja/opinion/report/data/jinken_sengen2009.pdf

けたとされるが、この間の録画記録はないというのである。前記2(2)で述べたように、警察における取調べの国際的なスタンダードは二四～四八時間である。殺人事件の取調べを三か月半もの間、別件での勾留を利用して殺人事件を立件することなく継続するような捜査方法は、日本以外のどこの国でも絶対にあり得ない。これが正されることもなく、有罪判決がなされたことに大きな衝撃を受ける。

三月一九日には、被告人は、「殺していないと言ったら平手打ちをされ、ひたいを壁にぶつけてけがをした」とビンタの暴力を受け、「殺してゴメンなさいと五〇回言わされた」ところや、「自白すれば刑が軽くなる、と言われた」と訴える場面についても、警察の取調べは録画されていない。再逮捕から警察取調べの録画が開始され、六月一九日から殺人を含めて全面自白している場面は録画されている。最初の別件逮捕から本件である殺人事件での起訴までの一四七日間のうち、取調べの録画が約八〇時間しかないとされる。長期間の取調べのかなりの部分が録画されていない。

(2) 一部だけの録画の印象で決められた有罪

日弁連の説明では、裁判員対象である殺人事件については、全過程の録音・録画がなされるはずの制度となっているはずなのに、そのようにはなっていなかった。そして深刻なことは、法務省は法案審議の過程で、そのやり方が法案に照らしても間違っていないと言い張ったことである。

今市事件は、裁判員裁判の法廷で、取調べの録画が、被告人の自白調書の任意性判断のための証拠と、信用性判断のための補助証拠として、弁護人も同意して採用され、七時間一三分にわたって再生された。

弁護側が警察・検察による自白強要を主張する中で、五通の自白調書は裁判官のみの合議（裁判員法六条二項二号）によって任意性ありと判断され、証拠採用された。四月八日に言い渡された判決では、自白調書の信用性を認め、被告人に無期懲役刑が言い渡された。判決文によれば、「客観的事実のみから被告人の犯人性を認定することはできない」と明確に判示され、自白がなければ有罪認定できなかったことが示されている。そして、「自白は実際に体験しなければ語れない具体性に富んでいる。」「殺人について聞かれた時に激しく動揺したり、『気持ちの整理のための時間がほしい』と話したりする様子は、あらぬ疑いをかけられた者にしては極めて不自然だ。処罰の重さに対するおそれから、自白すべきかどうか逡巡、葛藤している様子もうかがえる」などとして自白供述の信用性が認められ、これが決定的な証拠となって有罪判決がされたのである。判決後の記者会見で、裁判員たちは、「録音録画がなければ判断できなかった」と述べており（二〇一六年四月九日付日本経済新聞朝刊等）、取調べの録音・録画で有罪心証が取られている。

(3) 起訴後の被告人の取調べには録画の義務はないとする刑事局長答弁

今市事件は別件逮捕・起訴による本件の自白強要である。商標法違反のような裁判員裁判対象でない事件の場合には、録音・録画（可視化）義務がない。次に、別件の起訴後、本件である殺人の取調べがなされた場合に録画の義務があるかどうかの点について、参議院法務委員会で林眞琴法務省刑事局長は、別件起訴後、勾留されている被告人に対する対象事件取調べは義務対象外である、と答弁している。つまり、非対象犯罪で勾留されている被疑者の公訴提起後の対象犯罪の取調べの録音・録画は、法案では義務づけられていないとの見解を表明したのである。四月一四日に続き二一日の法務委員会でも委員の質問に改めて明確に義務対象外と答弁している。林局長は、その理由として、第一に、法案の条文が「被疑者」としていて、起訴後の「被告人」は含まれないとの文言解釈とともに、第二に、「起訴後の勾留中の被告人に対しましても、起訴された事件以外の余罪につきまして取調べを行うことはできると考えられます。もっとも、この場合には、この被告人に取調べ受忍義務が課されない点でその法的性格は在宅の被疑者の取調べに近くて、被告人は取調べを受けること自体を拒否することができると考えられます。そのことから、本法案における録音・録画義務が課される取調べにつきましては、この刑事訴訟法三百一条の二第四項において逮捕若しくは勾留されている被疑者を取り調べるときと規定しているところでございます。したがいまして、こういった起訴後の取調べについては録音・録画義務の対象とはなりません。」と回答している。[*16] この答弁は、今回の栃木県警のやり方を、法務省として是認したものといわざるを得ない。

(4) 日弁連は政府と異なる解釈を示すだけでよかったのか

日弁連は、部分可視化はダメで、全過程可視化を例外なく義務づける必要があると述べ続けてきた。日弁連を代表して参考人として委員会に出席していた河津博史参考人は、四月一九日の法務委員会で、非対象犯罪で勾留されている被疑者の公訴提起後の対象犯罪の取調べの録音・録画についても、身体拘束されている対象犯罪の「被疑者」として、法案では録音・録画が義務づけられていると解釈すべきと述べた。小坂井久弁護士は、特別部会の議論の経過に即して、このような解釈が正しいことを論証している。[*17] 簡単にまとめれば、身体拘束されていることに着目して、対象事件の取調べがなされれば、それは録音・録画することが特別部会での合意事項であったというのである。それはそうかもしれない。法案が成立した今では、この制度について、実効性のある可視化制度の実現のためには、小坂井氏の言われるように解釈すべきことに異論はない。しかし、二〇一六年五月の時点に立ち返るなら、政府当局の法案の解釈が違っているといって、法案の成立を認めてよいような問題ではなかったはずである。林局長答弁は有権解釈として実務を支配するだろう。それを克服するには長い法的闘争が必要となるのであり、法案自体の修正こそが本来求められるべきであった。

可視化の実現こそがえん罪の防止の決め手であり、代用監獄の廃止や弁護人の立会い、全面的証拠開示の実現を脇に置いても実現すべきだとされ、そのためには人権の保障上問題のある通信傍受の拡大や司法取引の問題についても目を瞑ろうと日弁連は言ってきたのである。林答弁のように法の運用がなされたなら、別件起訴後の被告人に対して重大事件の取調べがなされても、その状況は可視化されないこととなる。それは今市事件において明らかになったように、えん罪の危険性を増やすこととなることには異論はないであろう。

小坂井氏は、「リアルタイムの弁護実践においては、まずもって、起訴後の取調べについては、取

＊16　第一九〇国会参議院法務委員会二〇一六年四月一四日。
＊17　小坂井久ほか編著『実務に活かすQ＆A平成二八年改正刑事訴訟法等のポイント』（新日本法規出版、二〇一六年）七五頁以下（小坂井久執筆）。

調べの場を設定すること自体の拒絶（具体的に、出房拒否）で足りると言うことです。」「それでも抜け落ちる場面があるとすれば、」前記のように解釈すべきだとされている。[*18] しかし、普通の市民にとって警察留置場という圧倒的な権力関係の下で取調べの拒否を貫くことは容易ではない。法案の審議中であれば、小坂井氏のいうようにしか解釈できない条文に改正することは日弁連として可能な努力目標となり得た。法案第三〇一条の二の四項に、条文を追加し、非対象犯罪で勾留されている被疑者の公訴提起後になされる対象犯罪の取調べについても、同じく身体拘束下にあるものとして録音・録画義務があることを明確にするための法改正をすればよかったのである。改正法が成立した後になって日弁連は、「録音・録画義務の範囲が不当に限定されることのないよう、運用を厳しく監視する」との会長声明を公表した。[*19] 改正法が新たなえん罪を生み出さないよう、日弁連にはこの制度をより良いものに再び改革していく重い責任が残っている。

5　盗聴法の大幅拡大は監視社会をもたらす

(1)　一九九九年通信傍受法（盗聴法）とその運用

一九九九年に最終的に成立した通信傍受法（盗聴法）は公明党が提案した修正案であった。修正によって、傍受対象犯罪が薬物関連犯罪・銃器関連犯罪・集団密航に関する罪および組織的な殺人の罪の四種類とされた。政府案では、始めと終わりだけ立ち会えばよかった立会人を修正案では常時立ち会うことにした。立会人は事件の内容も知らされないし、通信の内容を聞くことは認められず、したがって、犯罪と無関係な通信を盗聴対象から除外する切断権は認められていなかったが、立会いという物理的な手間が盗聴件数の爆発的な拡大の大きな歯止めとなった。私たちは、実効性のある立会人制度として、内容を聞くことができ、関係のない会話を切断したり、関係のない情報の消去をその場で命ずることのできる権限を持った公平な第三者、たとえば弁護士などの立会いが必要であると主張し続けてきた。今回の改正では、この制度的弱点が突かれ、むしろ立会いの否定へと逆行してしまったのである。

(2)　強行採決と廃止運動の提起

一九九九年八月一二日に盗聴法が採決された時点では、各種の世論調査でも警察による濫用への懸念から法律制定への反対意見は五割を超えていた。この法律を運用する警察組織、これを令状審査によってチェックする裁判所への信頼にも重大な疑問が提起されていた。

法案は成立したが、私たちはあきらめなかった。違法な手続で成立した法律を私たちは絶対に認めないという強い意志を示す必要があると考え、制定された法律を国会の多数をとって廃止するための活動を始めることにした。盗聴法の廃止を求める署名実行委員会が集めた国会請願署名は約二三万筆

＊18　小坂井ほか編著・前掲＊17七九頁。
＊19　日弁連「取調べの可視化の義務付け等を含む「刑事訴訟法等の一部を改正する法律」の成立に当たっての会長声明」（二〇一六年五月二四日）。

におよんだ。当時の野党の多くが続く選挙で公約に盗聴法廃止・凍結を掲げた。国会では盗聴法廃止法案が衆議院、参議院で民主党・社民党・共産党の議員らにより合計一一回も提出された。[*20]

(3) 徐々に拡大しつつあった盗聴

盗聴法は法案可決の翌年である二〇〇〇年に施行されたが、警察は二〇〇一年まで盗聴法による令状請求すらできなかった。二〇〇二年、盗聴の実績をつくるために、本来は盗聴法を適用すべきでないような末端の覚せい剤の売買事件に初めて盗聴法を適用した。

以来、国会報告によってわかる範囲での盗聴法の実施状況によれば、盗聴法は年々適用が拡大されている。また、犯罪関連盗聴のなかった件数は当初はほとんどなかったが、二〇一一年には一六件に達し、無関係盗聴率も当初は七割程度であったにもかかわらず、二〇一一年には初めて九一％と九割を超えた。令状請求が却下された件数もずっとゼロが続いていたにもかかわらず、二〇一一年には二件の却下事例が報告されている。犯罪に関連しない多数の通話が傍受され、徐々に警察は盗聴法を大胆に適用しようとしていた。

(4) 改正盗聴法の内容とその問題点

二〇一四年七月九日、法制審議会特別部会の最終報告が日弁連推薦の委員を含む全員一致で可決され、この報告内容が法案とされた。[*21]

(a)　適用犯罪

適用犯罪が大幅に拡大されている。

改正された盗聴法では、薬物、銃器、集団密航、組織的殺人（別表一）に限定されていた対象犯罪を、放火、殺人、傷害、逮捕・監禁、誘拐関連、窃盗、強盗、詐欺、恐喝、爆発物、児童ポルノ関連（別表二）にまで拡大した（三条）。

多くの市民が被害を受けているオレオレ・振り込め詐欺などの組織的特殊詐欺を、新たな犯罪として五つ目の対象犯罪に加えるというだけで十分だったはずで、盗聴の範囲を多くの窃盗、傷害、詐欺、恐喝などの一般犯罪にまで一気に拡げようとすることは極めて危険である。

(b)　犯罪の組織性

この新たに付け加えられた別表二の犯罪については、従前の傍受のための要件に加えて、「当該罪に当たる行為が、あらかじめ定められた役割の分担に従って行動する人の結合体により行われる」と疑うに足りる状況が加重要件として必要とされた。

盗聴を組織犯罪の捜査手法に限定させ、一般犯罪への拡大を阻止することで、捜査機関の恣意的な

＊20　参議院八回：第一四七国会、第一四九国会、第一五〇国会、第一五一国会、第一五三国会、第一五四国会、第一五五国会、第一五六国会
衆議院三回：第一四九国会、第一五〇国会、第一五一国会

＊21　法案は、衆議院で一部修正され、当事者への通知事項に不服申立てができることが追加され、暗号技術を用いて傍受した場合の件数を国会報告することとした。

濫用を未然に防ぐ必要があった。しかし、この要件は、組織犯罪処罰法二条一項が団体性を求めているのと比較しても、「人の結合体」とは「構成員相互間の結び付きがある程度の継続性を備えていること」を必要とするとされており、[*22]単なる共犯事件というのと、ほとんど変わらない運用も可能だ。組織犯罪集団の関与する犯罪に限定すると説明するのであれば、団体性と当該団体が犯罪を累行していることを要件とするべきであった。

(c) 立会い

通信事業者の立会いなしに、全通信を暗号化して捜査機関に設置された特定装置に電送する方式が導入された（二三条）。記録媒体の封印の手続も省略されている。この改正によって、通信傍受に要する人的コストは飛躍的に削減され、盗聴捜査が爆発的に拡大することが危惧される。二〇一五年三月一三日に公表された一八弁護士会の盗聴法反対の声明では、「常時立会は、傍受記録の改ざんの防止と通信傍受の濫用的な実施を防止するという二つの機能を果たしていた。」「〔暗号化の〕技術的措置は、通信傍受記録の改ざんの防止という点は確保できるかもしれないが、無関係通信の傍受など通信傍受の濫用的な実施を防止するという点が確保されるとは考えられない。〔原文改行〕従来の通信傍受法の運用において、この常時立会という手続があることで、『他の方法によっては、犯人を特定し、又は犯行の状況若しくは内容を明らかにすることが著しく困難であるとき』という補充性の要件が実務的に担保されてきたものである。しかし、答申のような手続の合理化・効率化がなされれば、捜査機関は令状さえ取得すれば簡単に傍受が可能となるので、安易に傍受捜査に依存することになることは必至であり、補充性要件による規制が実質的に緩和されることとなり、濫用の危険は増加する。」としている。この意見のとおりである。

(d)　該当性判断のための傍受

該当性判断のための傍受は、必要性のない会話の記録を捜査機関の手元に残さないことを確実にし、濫用の可能性をなくすことが目的であった。「全ての通信を、聴取することなく一旦記録した上、事後的に記録された音源をスポット傍受の方法で聴取する方法」では、捜査機関の手元にすべての会話記録が残ってしまう。これがなぜ代替手段となるのか、私には理解できない。

(5)　盗聴制度の濫用防止のシステムの不在

盗聴のような他人のプライバシーを深く侵害し得る行為については、その濫用を防止するため厳格な第三者機関による監視が必要である。前述したように改正前の立会いの制度には、内容を聞いて通話を切断する権限はなく、その合理性が乏しいのは事実である。しかし、「通信事業者は通信を暗号化した上で送信し、捜査機関がそれを復号化することにより傍受を行う」という方法では、令状に特定された以外の通話の盗聴を確実に除外できるという制度的保障にはならない。むしろ、内容を聞くことができ、関係のない会話を切断したり、関係のない情報の消去をその場で命ずることのできる権限を持った公平な第三者、例えば弁護士などの立会いの制度化を求めるべきであった。

＊22　鵜鶫昌二（法務省刑事局付）「刑事訴訟法等の一部を改正する法律の規定による通信傍受法の改正について」警察学論集六九巻八号（二〇一六年）九六頁。

これは無理な要求ではなく、先進国では人権侵害を防ぐために導入されている制度である。アメリカでは、すべての記録が弁護人に開示され、少しでも令状の目的と異なることを傍受したと確認された場合には、「違法収集」として、証拠として使えなくなる。オーストラリアでは、盗聴は全面的に記録がなされ、それを第三者機関がすべて確認することができる仕組みになっている。日弁連は、具体的な第三者機関の案を特別部会に提案したが、部会ではほとんど審議されていない。

二〇一六年四月一九日公表された国連人権理事会の任命した表現の自由に関する特別報告者ディビッド・ケイ氏の暫定所見でも、通信傍受の拡大について次のように述べている。

「日本政府は通信傍受に関する法案を立案し、サイバー・セキュリティ（cyber security）への新しい取組を考えていますが、私が希望するのは、自由の精神、通信の安全確保（communication security）およびオンライン上の技術革新などが、このような規制の試みの中核部分において保持されることです。国会がこのような試みに関して公開の討論を行うことは重要であり、かつ、法律がプライバシーの権利や表現の自由を保護するさまざまな基準を尊重することが重要です。法律は、国家による通信に対する監視が、最も例外的な状況の下においてのみ、かつ、独立の司法機関の監督の下でのみ行われるということを明記しなければなりません。とりわけ、法律は、いかなる電子的な又はデジタルの監視であっても、少数派集団を標的にしたり、監視したりするなどの差別的運用が行われないことを確保する基本原則に忠実であるべきです。」（筆者訳）

海外の監視制度を参考に、改正法の検証がなされる三年後までに監視システムの具体的な構築プランを詰めなければならない。

(6)　自分は悪いことをしていないから監視されても平気？

盗聴法の拡大に反対していくときに、いつも返ってきたパターン化された反応に、「自分は悪いことをしていないから監視されても平気だ」「反対している人は何かやましいことがあるのだろう」というものがあった。

このような意見には次のような二通りの反論ができるだろう。監視されて平気なら、メールのパスワードを公開してほしいといわれて公開する人がいるだろうかということだ。人間が自由に考えて、自らを表現するためには内心と不可分な通信のプライバシーが保障されている環境が必要不可欠なのである。監視されている状況では自由な思索そのものができなくなる。

もう一つの反論は、自分の通信ではなく、この世の中の通信の中には警察によって傍受されてはならない通信があるということである。国や大企業の違法行為や腐敗行為をその組織の内部にいる人が外部に向けて内部告発しようとするときの通信がそれである。調査報道を専門にしているジャーナリストや政府の違法行為を正すために活動している市民団体が、捜査機関の監視と盗聴の対象とされたら、国や大企業の違法行為を明らかにする方法が失われる。それは、民主主義の危機をもたらすだろう。

「自分は平気」というが、大切な事実が明らかにできない社会で市民は主権者として正しい判断ができるだろうか。

6　共謀罪の制定が盗聴捜査のさらなる大幅拡大を招く危険がある

(1)　共謀罪に関する政府提出予定新法案

二〇一六年八月二六日付朝日新聞が、政府が共謀罪規定を含む組織犯罪処罰法の改正法案の修正案をまとめ、臨時国会に提案を検討していると報じ、他の報道機関もこれを追認した。

二〇〇三年政府案の内容は、①長期（刑期の上限）四年以上の刑を定める犯罪について（合計で六一九）、②団体の活動として対象となる犯罪行為を実行するための組織により行われるもの、③処罰対象は、遂行を共謀（合意）した者、④刑期は、原則懲役二年以下、死刑・無期・長期一〇年以上の処罰が科せられた犯罪の共謀は懲役五年以下、⑤犯罪の実行着手前に自首したときは刑は減免される、とされていた。

政府が、二〇一七年の通常国会に提出を予定している法案（以下、「政府提出予定新法案」という）では、①名称を「テロ等組織犯罪準備罪」とする、②適用対象を「団体」とされていたものを「組織的な犯罪集団の活動」とし、団体のうち、その結合関係の基礎としての共同の目的が長期四年以上の刑が定められている罪を実行することにある団体と定義する、③犯罪の「遂行を二人以上で計画した者」を処罰することとする、④「その計画をした者のいずれかによりその計画にかかる犯罪の実行のための資金又は物品の取得その他の当該犯罪の実行の準備行為が行われたとき」という要件を付す、とされた。*23 さらに対象犯罪の数を三〇〇程度に限定することも、自公両党間で協議されている。

このような報道をうわべだけで見ると、政府がずいぶん譲歩をして、法案の適用範囲を限定したように見えるかもしれない。しかし、結論を先にいえば、新法案は二〇〇三年政府案を二か所修正したものではあるが、二〇〇六／七年の与党修正案から見れば、大幅に後退したものである。*24

(2)　犯罪を共同してやれば、どんな団体も組織犯罪集団

それでは、政府提出予定新法案の内容を検討してみよう。

旧政府案では、適用対象が単に「団体」とされていたが、政府提出予定新法案では、「組織的犯罪集団」の関与が必要とされ、その定義は、「目的が長期四年以上の懲役・禁錮の罪を実行することにある団体」とされる。しかし、このような組織犯罪集団の定義では、犯罪目的が継続的なものであること、その団体の主要な目的であることは求められていない。適法な団体が変質して違法行為を計画した場合も、その時点で組織犯罪集団となったといえる定義となっている。普通の会社や市民団体や労働組合が変質し、犯罪を共謀したとされれば、もともと適法な団体であったとしても、共謀の時点では組織犯罪集団と認定され、共謀罪の対象とされる危険性がある。

*23　新たな共謀罪法案とその問題点については、山下幸夫編『「共謀罪」なんていらない?!』(合同出版、二〇一六年)を参照。
*24　山下編・前掲*23一一〇頁以下(海渡雄一執筆)。

(3) 準備行為を処罰要件としても、あいまいさは解消されない

政府提出予定新法案では、犯罪は計画で成立するが、処罰のためには、合意成立後の打ち合わせや、電話での連絡、犯行手段や逃走手段の準備などの行為が必要とされている。しかし、それ自体で危険性のある行為である必要はなく、予備罪における予備行為とは区別され、構成要件ではなく、処罰条件とされる。

政府が立法の理由として挙げている国際組織犯罪防止条約では、共謀罪の成立のために「合意の内容を推進するための行為」（学術的には「顕示行為」または「オーバート・アクト」と呼ばれる）を要件とすることが認められていた。多くの国々では共謀罪が存在していても、犯罪の合意だけで犯罪成立としている例は少なく、何らかの「顕示行為」が必要としている例が多い。前記の合意成立後の打ち合わせや、電話での連絡、犯行手段や逃走手段の準備などの行為が必要とされている。法案の修正は当たり前の修正でしかなく、高く評価することはできない。

(4) 共謀罪が制定されたら、盗聴の対象犯罪に加えられる危険がある

人と人とが犯罪を遂行する合意をしたかどうかや、その合意の内容が実際に犯罪に向けられたものか、実行を伴わない口先だけのものかどうかの判断は、犯罪の実行が着手されていない段階では、事柄の性質からして極めて困難である。また、共謀罪は人と人との意思の合致によって成立する。したがって、その捜査は、会話、電話、メールなど人の意思を表明する手段を収集することとなる。そのため、捜査機関の恣意的な検挙が行われたり、日常的に市民のプライバシーに立ち入って監視したり

するような捜査がなされるようになる可能性があり、市民の人権に重大な影響を及ぼす可能性がある。すでに産経新聞は二〇一六年八月三一日の「主張」において、「〔共謀罪〕法案の創設だけでは効力を十分に発揮することはできない。刑事司法改革で導入された司法取引や対象罪種が拡大された通信傍受の対象にも共謀罪を加えるべきだ。テロを防ぐための、あらゆる手立てを検討してほしい。」とまで述べている。二〇一七年一月の法務大臣の答弁でも共謀罪を通信傍受の対象とすることは将来の検討課題だとしている。

日弁連は、これ以上の盗聴拡大を防ぐために、少なくとも、通信傍受が秘密保護法違反や共謀罪にまでさらに拡大されることに対して、明確に反対するポジションを早期に確立することが必要である。

7　NSA行政盗聴と日本の刑事盗聴捜査の拡大は関連しているか

(1)　デジタル世界盗聴システムとしてのプリズム

今後の盗聴制度を考えるときに、エドワード・スノーデン氏が明らかにしたNSA（アメリカ国家安全保障庁）による、広範な行政盗聴システムと日本における刑事傍受の拡大はどのように関連しているのかを明確にする必要がある。

NSAは全世界の無線通信を捕捉できるエシェロンシステムを運用していたが、インターネット時代に即応し、プリズムと呼ばれるデジタル情報の世界的監視システムを構築した。

NSAの契約先の技術者であったスノーデン氏は、二〇一三年六月、ワシントン・ポスト紙（米）

とガーディアン紙（英）に情報を提供し、NSAが新たに開発したプリズムというシステムを使って、SNSやクラウド・サービス、あるいはインターネットの接続業者など大手のIT企業九社のサーバーから直接網羅的にデータを収集していたという事実を暴露した。この九社とは、Microsoft、米Yahoo、Google、Facebook、AOL、Skype、You Tube、Apple、Paltalkであり、NSAはこれらの会社の保有するサーバーなどに自由にアクセスすることができたという。フェイスブックのチャットやグーグルの検索履歴、ヤフーメールなども傍受できたという。

このシステムの「Eメールアドレス・クエリー」の操作画面がグリーンウォルド氏の『暴露』の二三六〜二三七頁に掲載されている。「クエリー名、監視理由、日付の範囲、検索したいEメールアドレス（複数可）」の欄に入力し、送信ボタンを押すだけで、必要な情報が得られるシステムとなっていた。[*25]

(2) 光ファイバーの情報を吸い上げるSSO

NSAの傍受システムにはプリズム以外に、次のようなシステムが存在した。アップストリームによる傍受、すなわち光ファイバー・ケーブルの情報をそのまま収集するというやり方がとられていることが判明している。スノーデン氏は、これこそが今日のスパイ活動の大半であり、核心であると述べている。このシステムはSSO（特殊情報源工作）と名付けられ、大平洋横断通信ケーブルの上陸地点に設備を作り、ケーブルからNSAのデータベースに情報を転送する仕組みとなっている。

小笠原みどりさんの『スノーデン、監視社会の恐怖を語る――独占インタビュー全記録』によると、次のように解説されている。[*26]

「では実際に、日本のネット利用者の情報はどの地点で盗まれているのか？〔原文改行〕米紙ニューヨーク・タイムズ……は二〇一五年八月、……『フェアビュー』の構築に大手通信会社AT&Tが、『STORMBREW（ストームブリュー）』にやはり大手のベライゾンが、『積極的に手助け』したことがわかったと報じた。」「記事の根拠となった文書の一枚に、米国とアジア太平洋地域を結ぶ国際海底ケーブルのひとつ『太平洋横断エクスプレス』が、ストームブリューのルートとして登場する」。「この光ファイバー・ケーブルはベライゾンのほか、中国、台湾、韓国の五社が二〇〇六年に共同建設に合意。二〇〇八年春にAT&Tと日本のNTTコミュニケーションズも参加して、同年秋に完成した。各国のケーブル上陸地点に陸揚げ局があり、NTTは千葉県南房総市に新丸山局を設置している。……米側はケーブルがオレゴン州北部のネドンナ・ビーチに上陸、内陸側のヒルズボロにベライゾンが陸揚げ局を置いたことが判明した。これは……窒息ポイント、コード名「BRECKENRIDGE（ブレッケンリッジ）」と位置的に重なる。」前記のニューヨーク・タイムズの記事は、「二〇一一年の東日本大震災で太平洋横断ケーブルが損傷してフェアビューのある地点の情報収集が約五カ月滞ったが復旧した、と報告する同年八月二三日付の……文書を公表している。」「NSAは文字通り『コレクト・イット・オール』〔『すべて収集する』という方針を指す〕に近づくために、複数の通信会社と提携し、侵入地点を増やしている。その数が増えれば増

*25　グレン・グリーンウォルド『暴露——スノーデンが私に託したファイル』（田口俊樹ほか訳、新潮社、二〇一四年）一七二頁。
*26　小笠原みどり『スノーデン、監視社会の恐怖を語る——独占インタビュー全記録』（毎日新聞出版、二〇一六年）一一七〜一二一頁。

えるほど、日本の通信は完全に『窒息』させられていく。」

スノーデン氏の説明によれば、日本はすでにNSAの世界盗聴システムにがっちりと組み込まれていることとなる。

(3) 秘密保護法はアメリカの示唆によって立案された

日本の治安機関はNSAとどのような協力関係にあったのか、この関係は今後どのように発展し得るかが問われている。このことを正確に知ることは、秘密保護法のヴェールによってますますわかりにくくなっている。しかし、次の情報は重要な示唆を与えてくれる。

NSAと包括的な協力関係を結んでいた国はオーストラリア、カナダ、ニュージーランド、イギリスである。限定的協力国は二〇か国で、日本はこちらに分類されている（二〇か国はグリーンウォルド氏の『暴露』の一八九頁に掲載されている）。

これまで、秘密保護法はアメリカの関与の下で立案されたのではないかとする推測はずっと語られてきた。小笠原みどりさんによると、スノーデン氏は次のように語ったという。[*27]

「『けれど、はっきり言えることは、彼らは何年もかけてファイブ・アイズという五カ国のネットワークを立ち上げ、スパイと司法上の抜け道のシステムをつくりあげた。次に同じことを他の国々にも輸出し始めたのです。もちろんそれは、一言一句アメリカの言ったとおりの法律を成立させるということではありません。法案は相手国が書き直せる。しかし過去の経験から言えば、我々が『これがあなた方の目指すべきものです』『これがあなた方のすべきことです』『必ずすべきです』と繰り返し言い続けると、相手国はやがて『確かにそうだ。自分たちはこうすべきだ』と刷り込まれる。これがまさに日本の秘密保護法の背景で起きたことです』

瞬きもできず一言もない私を、スノーデンは説得にかかった。

『僕が日本にいたとき、横田基地のNSAのビルには日本側のパートナーたちがよく訪ねて来ました。彼らは僕らの居場所を知っていて、それをまるで世界一の秘密のように扱っていた。というのも、我々がスパイ活動から得た情報を彼らと共有していたからです。日本の軍隊はこれこれの情報がほしいと我々に頼む。すると僕らはこう答える。『お探しの情報そのものは提供できません。あなた方の法律は私たちにとって望ましいかたちではないので。けれど、もう少し小粒の別の情報で役に立ちそうなものを差し上げましょう』。これは先方の顔を立てて、まあよしと思わせるためです。そしてこの情報を棒にぶら下げたニンジン、つまりエサにして、続けます。『けれどもしあなた方が法律を変えたなら、もっと機密性の高い情報も共有できます。現在のシークレットからトップ・シークレットに機密レベルを引き上げることもできる』。それから『もちろん例外的なケースとしてトップ・シークレットを共有できる場合が今後あるかもしれませんが』とかなんとか断っておいて、最後に『けれど法律ができればこのプロセスを標準化できます』とダメ押しするのです。これが、あの法律の原動力となりました』

日本のNSA本部を頻繁に訪れる日本側の『パートナー』とは、自衛隊内の諜報機関を指すようだった。スノーデンによれば、日本は国家秘密の管理という点では他の国々に比べて情報の取り扱いがオープンな国と考えられてきた。だから米国はNSAの協力者として日本の諜報機関を取り込み、世界監視網を拡大すると同時に、自らを闇のなかで守るために秘密保護法を設けようとした。」

＊27　小笠原・前掲＊26九三～九五頁。

(4) 盗聴拡大もアメリカからの示唆によるものか

このスノーデン氏の言葉により、秘密保護法の制定によって、日本の情報機関は包括協力関係への移行をアメリカに求めている可能性があるという推測が具体的に裏付けられた。日本のNSC、内閣情報調査室、公安警察、公安調査庁、自衛隊の情報保全隊などの情報機関が、アメリカ・イギリスの公安当局との間でプリズムやSSOによってNSAに収集された情報などを共有しようとしている可能性がある。当初の盗聴法の制定の際に、アメリカの法制に追いつくという目的が、法務当局によって繰り返し説明されたことを思い出す。今回の盗聴法の拡大そのものがアメリカのカウンターパートからの示唆によって進められた可能性もある。しかし、これらの点に関してはすべてが特定秘密のヴェールに覆われ、私たち日本の市民には正確なことはわからない。しかし、今後の日本における監視社会の進展について議論する際には、NSAの情報監視網の存在を前提として、日本の情報機関がこのシステムとどのような関係を結んでいたかを究明することがその前提となったことだけは明らかである。

8 真の刑事司法改革の機運をどのような道筋で創り上げていくのか

刑事司法改革の原点は相次いで起きたえん罪事件の発生を未然に防ぐことだったはずである。国連からも、このような改革を繰り返し求められてきた。これこそが真の刑事司法改革であった。今回の刑事訴訟法改正は、一言でいえば、改革の原点であったえん罪の防止のためには不完全なものであり、裏切られた改革であるといわなければならない。さらに、盗聴法の拡大と司法取引は、この間政府が進めてきたマイナンバー法の制定（二〇一三年五月）、秘密保護法の制定（二〇一三年一二月）、安全保障法制（戦争法）の制定（二〇一五年九月）などと連動し、二〇一七年春の通常国会に提案されようとしている共謀罪法案へとつながる、監視社会化を強める治安法制の一環として位置づけなければならない。

今回の刑事訴訟法改正に反対する活動において、えん罪被害者を中心とした市民団体が法律家の団体と共闘して集会を開催し、国会対策活動を行った。この動きは、刑事司法改革を次のステップにつなげる推進力の萌芽といえる。

秘密保護法や戦争法は制定されたが、その廃止を求める活動は今も粘り強く続けられている。これから、死刑制度の廃止を含む刑罰制度全体の改革を求める活動も加速しなければならない。これらの運動の輪の中に日弁連も存在している。そして、これらの活動に取り組む市民にも、刑事司法改革の課題についての理解を広め、協力を求めていかなければならない。

二〇一七年は共謀罪との闘いが正念場を迎える。そして、共謀罪については、日弁連が先頭に立って活動できる環境が維持されている。このことは、大きなチャンスである。共謀罪の制定に対して、私たち市民、そして日弁連は全力で反対しなければならない。共謀罪の制定に反対する大きな国民運動を創る中で、刑事訴訟法の改正にきちんと反対できなかったことで失われた日弁連に対する市民からの信頼を取り戻すことができるだろう。その先に、真の刑事司法改革の機運が生まれることを願ってやまない。

（かいど・ゆういち　弁護士、日弁連共謀罪対策本部副本部長）

あとがき

二〇一六年の通常国会で刑事訴訟法等の改正案が成立した。本書は、この法律が、えん罪の防止という目的に照らして、不十分なものであり、新たなえん罪を引き起こしかねないことを指摘した告発と検証の書である。

私は、一九八一年弁護士登録して以来三五年間、代用監獄廃止と刑務所改革のために活動を続けてきた一弁護士である。一九九九年には盗聴法の成立に反対し、成立後も廃止運動に取り組むとともに、共謀罪法案と秘密保護法の反対にも取り組んできた。そして、二〇一〇年、再審無罪が確定した足利事件と布川事件、厚生労働省村木局長事件とこれに引き続く検察官による証拠改ざん事件などの深刻なえん罪事件の続発が契機となり、二〇一一年三月「検察の在り方検討会議」提言がまとめられ、法制審議会「新時代の刑事司法制度特別部会」が設置されたとき、私は日弁連の事務総長を務めていた。この年の日弁連の定期総会では、改革の課題として考えていた人質司法を改革するためのテーマがまとめられている。しかし、そのほとんどは今回の改正で実現できなかった。

この刑事訴訟法等改正の目的が、えん罪の防止であったことは間違いない。ところが、いつのまにか取調べの可視化と引き換えに「供述に頼らない刑事捜査」という、捜査権限の拡大を含意する議題を忍び込ませられた。そして、特別部会で警察・法務省は、取調べの可視化を受け入れる場合、通信傍受の拡大と司法取引の制度化を求め続けた。日弁連が求めていた取調べそのものの制限や、弁護士の立会いなどは認められず、捜査側の証拠に対する全面的な開示も認められなかった。一部の事件の一部の捜査段階に限定した録音・録画と被疑者国選弁護制度の拡充という成果を認めさせるために、日弁連は、盗聴捜査の大幅拡大と司法取引の導入を認めるという価値判断を行った。

本書では、このような価値判断の根拠となった今回の可視化がえん罪防止のために十分なものと評価できるのか、盗聴制度の拡大と司法取引が新たな人権侵害とえん罪を生み出すおそれはないのか、全面的証拠開示が本来は必要だったのではないかなどの問題を、もう一度掘り下げようとした。特別部会の作業に関わった弁護士は、みな私の先輩であり、友人である。このような本を作ることは我が身を切るような苦しい作業であった。しかし、新たな刑事司法改革の機運を創るためには、正しい事実認識に基づく冷静な反省と相互討論の回復が不可欠であると信じて、今回の改正の是非を広く市民に問うべく、本書を出版することとした。

二〇一七年国会には共謀罪法案がテロ等準備罪法案と名前を変え再提案されようとしている。共謀罪は人と人のコミュニケーションを犯罪として取り締まるものだ。共謀罪が通信傍受（盗聴）の対象とされたら、監視社会は完成し、政府に異議を申し立てる自由が大きく傷つけられるだろう。それは人権の危機である。刑事法のあり方は市民社会の自由の範囲を画定する。今回の刑訴法等改正の意味を問う理由もそこにある。共に手を携え、真の新しい刑事司法の実現のために立ち向かってほしい。

二〇一七年二月

編者　海渡雄一

●——執筆者一覧（執筆順）

村井敏邦（むらい・としくに）
一橋大学名誉教授、龍谷大学名誉教授、弁護士

渕野貴生（ふちの・たかお）
立命館大学大学院法務研究科教授

小池振一郎（こいけ・しんいちろう）
弁護士、日弁連刑事拘禁制度改革実現本部副本部長

桜井昌司（さくらい・しょうじ）
えん罪被害者（布川事件で無罪）

葛野尋之（くずの・ひろゆき）
一橋大学大学院法学研究科教授

山本了宣（やまもと・りょうせん）
弁護士

岩田研二郎（いわた・けんじろう）
弁護士、日弁連刑事法制委員会委員長

笹倉香奈（ささくら・かな）
甲南大学法学部教授

海渡雄一（かいど・ゆういち）
弁護士、日弁連共謀罪対策本部副本部長

原田宏二（はらだ・こうじ）
元北海道警警視長・釧路方面本部長

《編者紹介》

村井敏邦（むらい・としくに）

一橋大学名誉教授、龍谷大学名誉教授、弁護士

『逐条解説　特定秘密保護法』（共著、日本評論社、2015年）、『刑事司法改革と刑事訴訟法（上）（下）』（共編、日本評論社、2007年）、『刑法――現代の『犯罪と刑罰〔新版〕』（岩波書店、2005年）、『盗聴立法批判――おびやかされる市民の自由』（共著、日本評論社、1997年）ほか

海渡雄一（かいど・ゆういち）

弁護士、日弁連共謀罪対策本部副本部長

『秘密保護法　何が問題か――検証と批判』（共編、岩波書店、2014年）、『原発訴訟〈岩波新書〉』（岩波書店、2011年）、『共謀罪とは何か〈岩波ブックレット〉』（共著、岩波書店、2006年）、『監獄と人権〈2〉』（編／監獄人権センター企画、明石書店、2004年）ほか

可視化《かしか》・盗聴《とうちょう》・司法取引《しほうとりひき》を問《と》う

2017年3月25日　第1版第1刷発行

編　者　村井敏邦・海渡雄一
発行者　串崎　浩
発行所　株式会社日本評論社
　　　　東京都豊島区南大塚3-12-4（〒170-8474）
　　　　電話　03-3987-8631(編集) 03-3987-8621(販売)
　　　　振替　00100-3-16　　https://www.nippyo.co.jp/
印　刷　精文堂印刷株式会社
製　本　株式会社難波製本
装　幀　図工ファイブ

Printed in Japan　ISBN 978-4-535-52218-3